ちょっとしたことでうまくいく

発達障害の人が上手に勉強するための本

安田祐輔 著

SE
SHOEISHA

はじめに

このたびは本書を手に取っていただき、誠にありがとうございます。キズキ代表の安田祐輔と申します。

キズキは、「何度でもやり直せる社会」をビジョンに掲げ、さまざまな事業を展開してきました。うつや発達障害で離職した方に向けた就労移行支援事業所「キズキビジネスカレッジ」や、不登校・発達障害、中退した方を対象とした学習塾「キズキ共育塾」（以下、KBC）を全国で展開しています。さらに、全国の自治体・省庁からは生活困窮家庭・生活保護世帯の子どもたちの支援事業などを委託されています。

この会社を作ったきっかけは、私自身が発達障害（ADHD・ASD）の当事者であったことが関係しています。子どもの頃から、整理整頓ができない、空気が読めないといった特性に加え、花火の音や風船の割れる音が極度に苦手でした。また、集中し出すと周囲の音が聞こえなくなり、独り言をつぶやいているように周りから見られることもありました。そのことがからかいの対象となり、いじめられることも多くありました。

そこからの転機となったのは「大学受験」でした。

授業をちゃんと聞くことができず常に居眠りをする子どもだった中学時代、地元で下から3番目の高校に通いまともに勉強をしていなかった高校時代を経て、自分の人生を変えるために大学受験をしたいと思うようになったのです。大学に合格するまでには高校卒業後2年がかかりましたが、どうして自分は勉強のやる気が起きないのか、授業をじっと座って聞くことができないのか悩む中で、少しずつ自分なりの勉強のやり方がわかってきて、なんとかICU（国際基督教大学）に合格できました。

今となっては、中学・高校時代に授業をちゃんと聞けなかった原因は「認知特性（※）」に由来するものだと理解できます。ですが当時は、「特性の強い自分に合った、効率のよい勉強方法を見つけること」の重要性がわかっていなかったのだと思います。

大学入学後も、「自分に合った勉強法」を獲得するための努力は続きましたが、今では自分自身の特性に合わせた勉強方法がかなり深くわかってきています。

その結果、現在はキズキの経営者として、会計や人事、マーケティング、ITといった経営にまつわる知識や、教育・福祉、心理学など現場の支援に必要な知識、その双方を日々学び、経営に活かすことができるようになりました。

この本は、タイトルにもありますように「発達障害の人が勉強・学び直しのコツをつかむためのヒント」を詰め込んだ本です。

「効率のよい勉強方法を見つけること」が私自身の人生を通じた大きな課題だったからこそ、書けた本になりました。

そして、２０１９年に立ち上げたＫＢＣでの経験も活かされています。「発達障害や精神疾患がありながらも、自分の納得のいくキャリアを諦めない」をコンセプトに、マーケターやエンジニアなどの幅広い職種への就職を支援してきました。

ＫＢＣを利用されている方々の中には、「自分に合った勉強方法」がわからず、キャリアアップに向けた資格取得や学び直しに苦戦している方が少なくありません。そうした方々に向けて私がお伝えしてきたのは、「自分の癖や特性など、自己理解を徹底する」ことです。

なぜなら、発達障害のある人が自分らしく働くためには、自身に合った生活リズムや環境、考え方の癖や自分に合った学び方などを理解することが不可欠だからです。

発達障害であることは変えることができません。スケジュールの管理が苦手だったり、さまざまな音が気になって勉強に集中できなかったり、そういうこともなかなか変えられないかもしれません。

一方で、「何か変えられるものがないのか」を考えてみてほしいのです。苦手だったスケジュールの管理がＩＴを使うことで人並みにできるようになるかもしれません。さまざまな音が気になってしまうのであれば、イヤーマフや耳栓にこだわってみてもいいかもしれません。

発達障害に必要なことは、その悩みが「変えられるもの」なのか・「変えられないもの」なのかを判別し、「変えられるもの」は変えて、「変えられないもの」は諦めることだと私は思っています。本書が少しでもその役に立てたらうれしいです。

２０２１年12月　安田 祐輔

※認知特性

得た情報を脳内で整理・記憶・表現する際の五感の癖のこと。私の場合は視覚による情報収集の方が得意な傾向にある「視覚優位」なため、耳で聞いて理解する講義方式が向いておらず、自分で参考書を読み進めるほうが理解しやすい。

第1章 予定通りにできないのを何とかしたい
——スケジュール・段取り対策

第2章 勉強する気が起きないのを何とかしたい
―過集中・寝起き対策

第3章 上手に講義を受けられないのを何とかしたい
―理解力・集中力対策

第4章 自習ができないのを何とかしたい
——継続力・環境作り対策

第5章 試験本番の不安をなくしたい
――忘れ物・プレッシャー対策

Point 1
発達障害の方が日常生活で直面するさまざまな悩みの事例を紹介しています。

12

予定にない科目をやりたくなってしまう

対策

- 衝動を引き起こす刺激を取り除く
- 「衝動」が生まれたときに、本来やるべきことを思い出せるようにする
- 「衝動」を行動に移せない環境を作る

事例
予定通りに学習が進められない

現在、3カ月後に控えた日商簿記検定に向けて猛勉強中だ。週末は集中して勉強するチャンス。机に向かって問題集を手に取り、今日勉強する予定の「仕訳」のページを開こうとした……と、そのとき、目次に書かれている「試算表」という項目が目に入った。そういえば、友人が「僕は試算表の問題に苦戦した」と言っていたような気がするぞ。難しそうな科目から先に手をつけておいたほうがいいかもしれない。そう思って早速試算表のページを開いた。

数時間後、一区切りつき我に返った。そういえば、今日は仕訳の学習を進める予定ではなかっただろうか。なぜ予定とは違う科目をやり始めてしまったのだろう……。

原因
ポイントは「衝動スイッチ」のコントロール

ADHDの特性のひとつに「**衝動性**」がある。これは、後先を考えずに思いついた瞬間に行動に移してしまう性質のことだ。考える前に行動してしまうので、その衝動性をコントロールできないと話すADHDの人は多い。

落ち着いて考えれば「予定通りに進めたほうがいい」とわかるはず。しかし、「友人がこちらの科目のほうが難しいと言っていた」という情報を思い出した瞬間、どうしてもその科目をやりたい気持ちを抑えられなくなってしまったのだ。

ADHDの場合、ひとたび「衝

024

Point 2
どのような原因で事例の特性が出るかを、医学的にアプローチしています。

本書の特長

Point 3
医療的なアプローチではなく、当事者が普段の暮らしに対応するために編み出したやり方を解説しています。

動スイッチ」が入ると、計画的に学習を進められなくなってしまうことが多い。

解決法
衝動スイッチをコントロールする仕組みを作る

衝動を引き起こす刺激を取り除く

この「衝動スイッチ」をコントロールするためにはいくつかポイントがあるので見ていこう。
まず、大切なのは**衝動を引き起こす刺激を取り除くこと**だ。先ほどの事例を思い出してほしい。予定していた科目とは違う科目のページが目に入ったことで、友人の話を思い出し、当初予定していなかった科目をやり始めてしまったことがわかる。
このように目から入った情報か

衝動を引き起こす刺激を取り除く工夫

無関係のページには
フセンを貼っておく

関係ないページは
隠して学習する

他の参考書には
カバーをかけておく

勉強部屋には
ポスターを貼らない

他の人の会話が
耳に入ってきやすい
場所では勉強しない

025

Point 4
発達障害の当事者である著者が自ら生み出した「手前」のつまずきをなくしていくためのヒントが満載です。

発達障害の種類

この本では、ADHD／ADD（注意欠陥・多動性障害）、ASD（自閉スペクトラム症）、LD（学習障害）という代表的な発達障害に絞って対策を紹介しています。

発達障害にあまり詳しくなくても、「ADHD」とか「アスペルガー症候群」といった言葉は聞いたことがあるかもしれません。最近、雑誌やテレビでも取り上げられることの多くなった言葉です。

発達障害にもいろいろな種類がありますが、「ADHD」や「アスペルガー症候群」はその発達障害の種類のひとつです。

ADHDとASD、ASDとLDなど、複数の発達障害の特徴が当てはまることもあります。この場合、医師から複数の発達障害の診断が下りることもあります。

発達障害の診断は難しく、専門医がさまざまな検査を行って慎重に判断します。発達障害の傾向があるからといって障害があると決められるものではなく、自己判断はもちろん、専門家以外の人が見ても判断できるものではありません。

発達障害自体、まだまだ研究が進められている段階で、ADHDやASDといった名称もこれから変化があるかもしれません。映画などで描かれることで知られることになった「アスペルガー症候群」についても、現在の診断ではASDの中に吸収されています。

それぞれの障害について、次ページで簡単に特徴を並べてみます。なお、これらの特徴は一般的なもので、実際には人それぞれで違いがあることを先にお断りしておきます。仮に全部の特徴に当てはまったとしてもその障害であるとは限りませんし、診断が出ている人でも当てはまらない特徴もあります。

ADHD/ADD
（注意欠陥・多動性障害）

特徴

不注意で気が散りやすく、何かを思いつくと衝動的に行動してしまいます。一方でやらなければならないことになかなか手をつけられない、先延ばし傾向も特徴のひとつです。なお、ADDは多動性がない以外はADHDと同じ特徴です。

学習面における特性

- ケアレスミスが多い
- 予定通りに行動できない
- 優先順位づけが苦手
- 得意分野ばかりやってしまう
- 長時間じっとしていられない
- 学んだことをうまくノートに整理できない
- 大事な試験に忘れ物をしてしまう

ASD
（自閉スペクトラム症）

特徴

自閉症・高機能自閉症・アスペルガー症候群などを含めた障害の総称です。PDD（広汎性発達障害）と呼ばれていたものと、ほぼ同じ意味になります。

学習面における特性

- 予定通りに行動できない
- 優先順位づけが苦手
- 得意分野ばかりやってしまう
- 講師にうまく質問できない
- 口述試験が苦手

LD
（学習障害）

特徴

他の面では問題がないにもかかわらず、ある特定のことだけが極端に苦手になる障害です。何が苦手になるかは人によって異なります。読めなかったり書けなかったりする理由や程度はそれぞれ違いますが、「読めない」「書けない」というくくりで同じ障害として分類されています。

学習面における特性

- 文字が1つ1つ拾い読みになってしまい、単語や文章のかたまりとして理解しづらい
- 黙読が苦手
- 画数の多い漢字が書きづらい
- 鏡文字になってしまう

第1章

予定通りにできないのを何とかしたい

スケジュール・段取り対策

効率的に学習を進めるためには、事前に「いつまでに、何を、どのように進めればよいか」を考える必要がある。とはいえ、特性が原因でスケジュールがうまく立てられない、予定通りに学習を進められないという悩みを抱える人は多いだろう。ここではいくつかのコツをお伝えする。

12

スケジュールが立てられない

対策

- 逆算してざっくりとしたスケジュールを立てる
- グーグルカレンダーにスケジュールを登録する

事例

試験日までのスケジュールが立てられない

3カ月後に資格試験が迫っている。会社の先輩に薦められたテキストを使って勉強しようと考えているが、試験日までにしっかりと範囲を終えられるのだろうか。

学生時代は、いつも試験日ギリギリに勉強を始めていたので、今回はそうならないように気をつけたいのだが……。どうやってスケジュールを立てたらよいのだろう。

原因

ADHDもASDも段取りが苦手

スケジュールが立てられないなどの「**段取りの苦手さ**」は、ADHD、ASDのいずれにも当てはまる特徴だ。

ADHDの場合、その背景に「**衝動性**」（思いついたらすぐに行動に移してしまう性質）という特性がある。このためスケジュールを立てるより前に、思いついた順番に衝動的に手をつけてしまう、といったことが起こりがちだ。

また、「**時間感覚の弱さ**」も段取りの苦手さに結びついていると考えられている。試験日まで「残り3カ月」と言われたとき、「3カ月とは果たしてどれくらいの時間なのか」の時間感覚がうまくつかみづらいのだ。

そのため、「まだまだ時間がある」と感じてしまい、なかなか勉強に手がつけられない。結果として、試験日ギリギリになって焦ることになってしまう。

一方、ASDの場合は「**こだわりの強さ**」が、段取りの妨げになるケースがある。物事を自分が決めた特定の順番やルールで行うことにこだわりがあるが、それは効率的で実現可能なスケジュールではないことも多い。

たとえば、スケジュールを立てる際に「隙間なくカレンダーを埋めた状態にしたい」というこだわりがあったとしよう。実際には休憩時間を入れたり、思うように進まなかったりした場合を考えてバッファ（ゆとり）を持ってスケジュールを立てておくことが大切なのだが、こだわりがあるとこれらを意識することが難しくなる。その結果、実現するのが難しく、学習効率も悪いスケジュールになってしまうのだ。

このようにそれぞれが持っている「こだわり」が邪魔をして、うまくスケジュールが立てられなくなってしまうことが起こりがちだ。

解決法　逆算してざっくりとしたスケジュールを立ててみる

ADHDの特性である衝動性や時間感覚の弱さに左右されないためには、まずは**スケジュールの立て方の基本的な考え方（フレーム）を知っておく必要がある。**

ここでは4つのステップに分けて、その方法を説明していく。こうしたフレームは、特定の手順に従って作業を行うことが得意なASDの人にとっても役立つものになるだろう。

基本的な考え方は、**「試験日までの残り時間を考え、それまでに試験範囲が終わるようにざっくりとしたスケジュールを立てる」**ことに尽きる。

早速、具体的な4つのステップについて説明していこう。

STEP1　どのテキストを何回行うかを決める
STEP2　試験当日までのおおよその残り時間を計算する
STEP3　テキストを終えるのに必要な時間を予測する
STEP4　STEP1〜3を踏まえ、スケジュールを立てる

最初に**「どのテキストを何回行**

うか」を決めよう。試験までに何をどれくらい勉強しなくてはいけないかが決まっていないとスケジュールが立てられないからだ（なお、「数ある教材の中で、どの教材を選べばよいかわからない」「何回テキストを行えばよいかわからない」という人は、第4章の「参考書をたくさん買いすぎてしまう」を読んでみてほしい）。

次に、**「試験当日までのおおよその残り時間を計算」**する。たとえば、3カ月後に試験があるとする。平日は仕事があるので、主に土日に勉強を進める想定で計算してみよう。

1カ月に土日は合計8日。土日に予定が入ってしまうこともあるだろうから、勉強できるのは、そのうちの5日と想定してみよう。1日につき4時間ほど勉強を進めるとしたら1カ月当たり「4時間×5日＝20時間」の勉強時間が確保できる計算になる。試験日までは残り3カ月なので、「20時間×3カ月＝60時間」が残されていることになる。

このように、まずはざっくりと試験日までのおおよその残り時間を計算してみてほしい。

さらに、**「テキストを終えるのに、どれくらいの時間がかかるのかを予測する」**ことも大切だ。そのためには、時間を計りながら1単元分テキストを解いてみよう。たとえば、1単元終わらせるのに2時間かかったとする。テキストが全部で30単元あるとしたら、単純計算で最後まで一通り終わらせるためには「2時間×30単元＝60時間」かかると予想できる。

先ほど計算した試験日までの残り時間は「60時間」だったので、試験日までに「テキストを1回分終わらせる時間は残っている」と具体的に想像できる。

このとき、「残り時間」よりも「やるべき学習量」が多かったら、学習時間を増やす（例：土日だけでなく、平日も仕事終わりに1時間ほど勉強時間を確保する）、受験日を遅らせる（3カ月後ではなく6カ月後の試験にチャレンジする）といった対応が必要になるだろう。

最後に、ここまでの情報を踏まえて、何をいつ学習するかという、**試験日までのざっくりとしたスケジュールを立ててみたい。**

このとき、**グーグルカレンダーにスケジュールを登録する**と、リマインドを通知してくれるため便利だ。以下ではグーグルカレンダーに予定を登録する方法を説明していく。

グーグルカレンダーを活用する

ここまで見てきた事例に基づいて計算すると、30単元（所要時間：60時間）を、3カ月後の試験日までに（テストまでに残された時間：60時間以内）終わらせる必要がある。

試験当日までの残り時間の計算法

3カ月後に試験の場合
（主に土日のみに勉強）

①1カ月に土日は8日間
→予定が入ることを考慮して勉強できるのは5日間と想定

②1日につき4時間勉強
4時間×5日＝20時間

③試験日までは残り3カ月なので
20時間×3カ月＝60時間

④テキストを終えるのにかかる時間を予測
→まずは1単元分のテキストを終える時間を計る
〈ex.〉1単元終えるのに2時間かかり、テキストは30単元ある
2時間×30単元＝60時間

↓

テキストを1回分終わらせられる
時間が残っていることがわかる

グーグルカレンダーに予定を入れる手順

1 新しいタブを開いて をクリックし❶、「カレンダー」をクリックする❷。

2 予定を入れる日時にカーソルを合わせる。

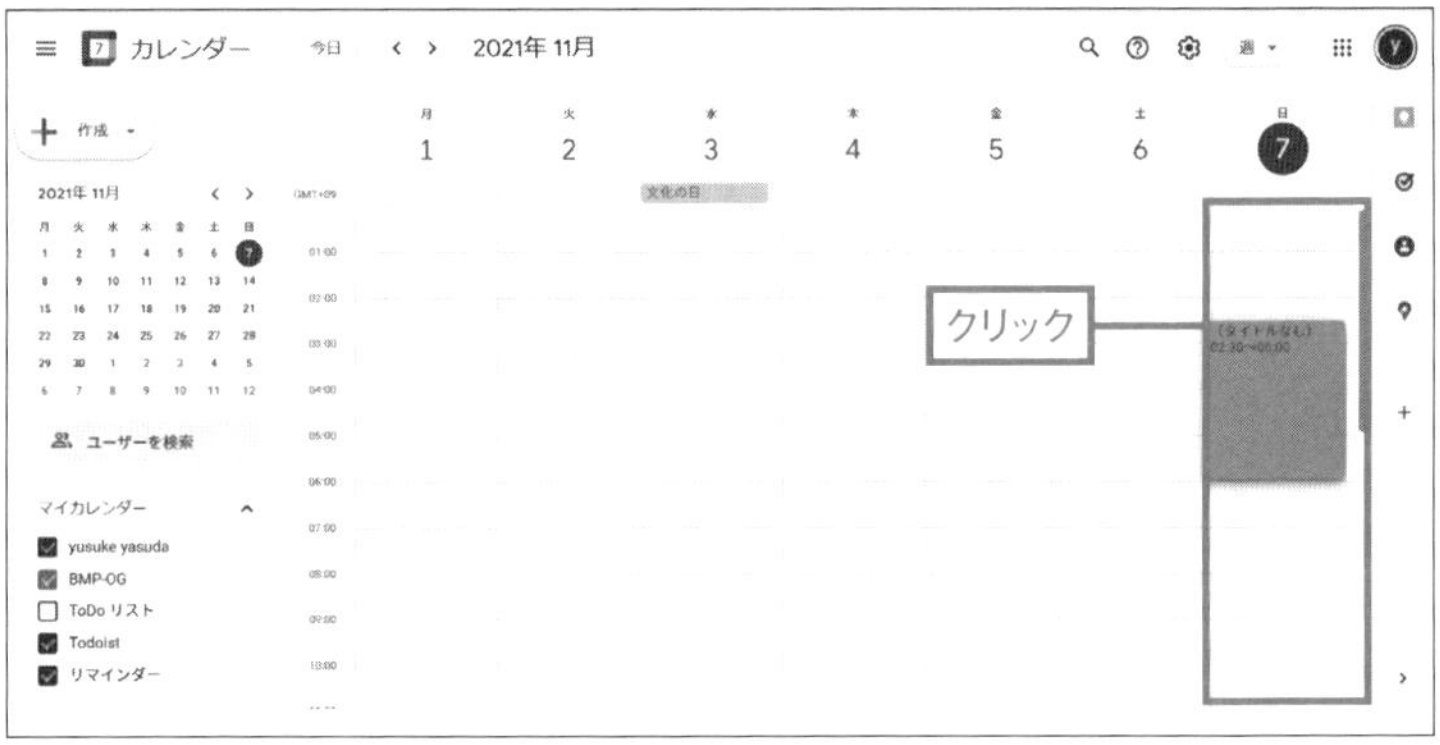

3 タイトルの部分に行う予定の学習範囲を入力し❶、「保存」をクリックする❷。

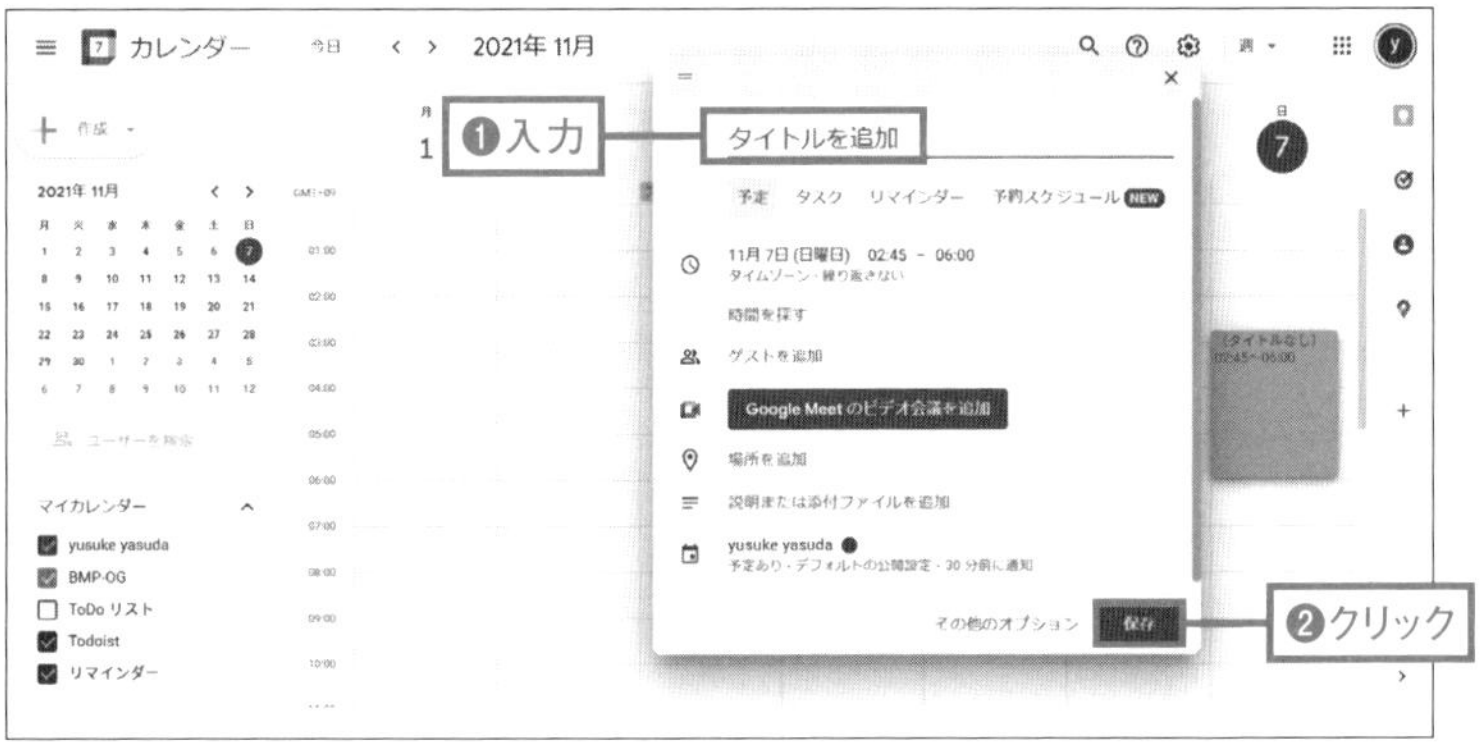

ざっくりとしたスケジュールを立てるための4つのステップ

STEP 1 どのテキストを何回行うかを決める

- 試験までに勉強すべきことがわからないと、スケジュールを立てられない

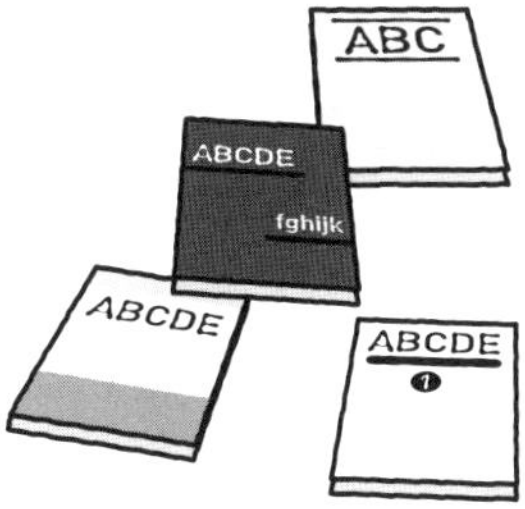

STEP 2 試験当日までのだいたいの残り時間を計算する

- まずはざっくりと計算する

STEP 3 テキストを終えるのに必要な時間を予測する

- 時間を計りながら1単元分テキストを解いてみる

STEP 4 STEP1～3を踏まえてスケジュールを立てる

- グーグルカレンダーにスケジュールを登録すると、リマインド通知してくれるので便利

1日当たりの学習時間は4時間なので、「1日当たり2単元」進めればよい計算になる。

実際に、この予定をグーグルカレンダーに入力していこう。入力の仕方は20ページの通りだ。

ADHDの場合、複数のスケジュール管理ツールを使うと、その管理がうまくできなくなってしまうことも多い。そんな人は、無理にグーグルカレンダーを使わなくても、現在使っているスケジュール管理ツールが使いやすければ、そちらを使い続けるのがよいだろう。

「そのスケジュールで本当に実現可能か?」を確認する

スケジュールを決めた後にチェックしてもらいたいことがある。それは、**「そのスケジュールで本当に学習が進められそうか」を改めて考え直してみること**だ。

たとえば、朝9時から17時まで仕事をしていたとする。そこから家に帰ってきて夕方18時から21時まで勉強するスケジュールを立てたとしよう。

果たしてこのスケジュールで実際に勉強することは可能だろうか。1日中仕事をして、そこから休憩する時間もほとんど取らずに3時間集中力を保ち続けることができるだろうか。おそらく至難の業だろう。

スケジュールを考える際は前後の予定も踏まえて、「本当にこの予定の後に、自分は勉強ができるだろうか」と自問自答してみてほしい。

他の例も見てみよう。「休日は仕事がないから1日勉強をしよう」と考えたとする。だからといって「朝9時から15時まで6時間勉強しよう」といった無理のあるスケジュールを立てるのは考えものだ。人が集中し続けられる時間には限りがある。**「自分が集中力を持続できるのはどれくらいの時間なのか」を冷静に見極めながらスケジュールを立てること**が何よりも大切だ。

このように「前後の予定も踏まえて無理のないスケジュールになっているか」「現実的に集中力が持続できる時間を考慮してスケジュールを立てられているか」に気をつけてみてほしい。

しかし、いろいろな可能性を考慮してスケジュールを考えたとしても、現実的には、想定した以上に学習時間が確保できなかったり、思った通りに学習が進まなかったりといったさまざまな問題が起こるだろう。その場合の解決方法については、次節以降で詳しく説明しているため、そちらもあわせて読んでみてほしい。

季節や天気などの外的要因によって、その日の心身の調子や学習の進捗が変わることもある。日に

スケジュールを立てた後にチェックしたいこと

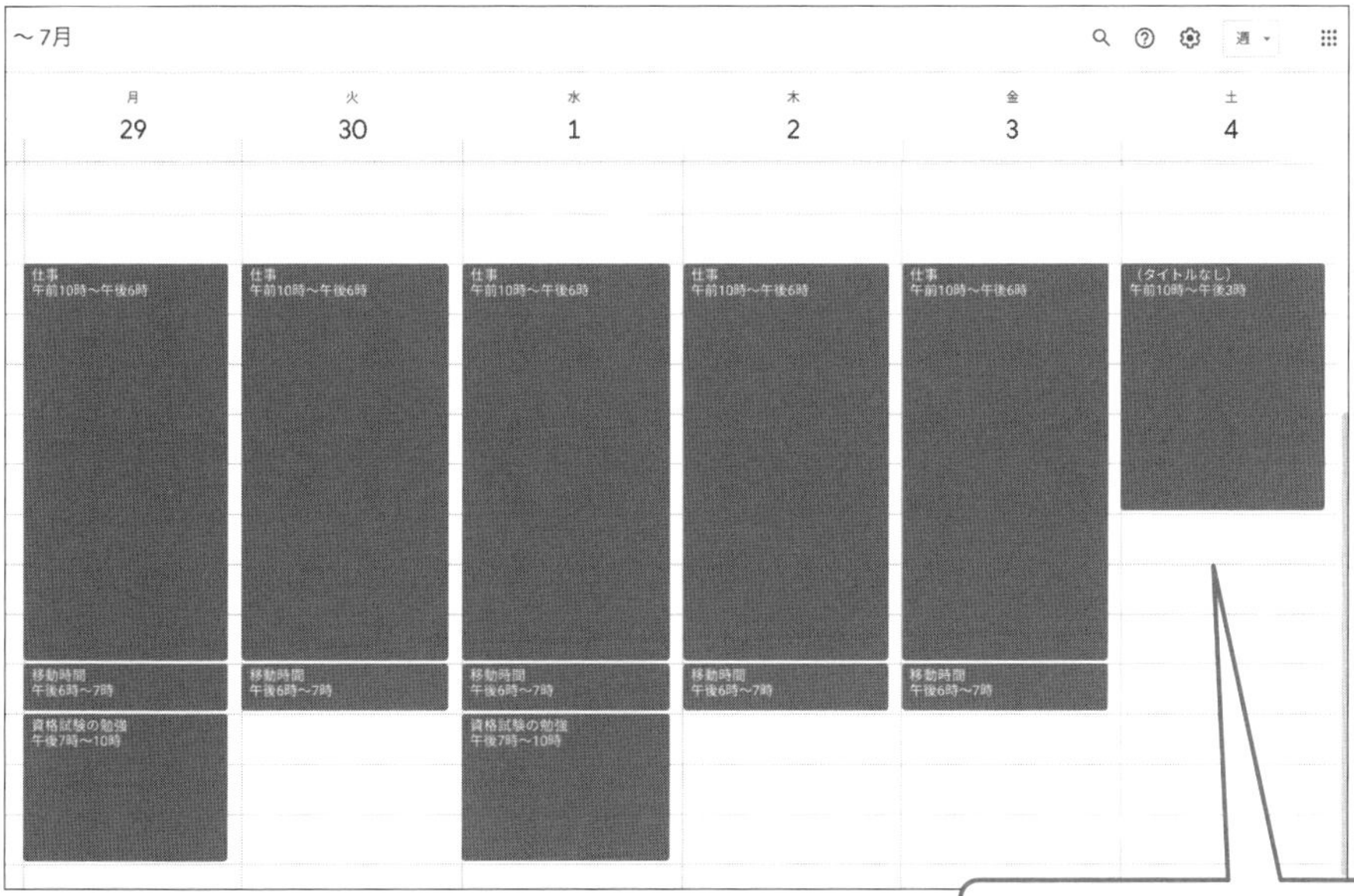

本当にこんなに長く集中力を保つことは可能だろうか

②集中力が持続できる時間を考慮してスケジュールを立てられているか

本当にこの予定を終えた後に、自分は勉強ができるだろうか

①前後の予定も踏まえて無理のないスケジュールになっているか

よってコンディションに差が生じるのは誰しもありうるため、あまり落ち込みすぎないでほしい。大事なことは、**自分自身の特性や傾向を知り、徐々に改善していくこと**だ。

また、目標達成を確実にできるが、一方で現実的なスケジュールを立てること、予定通りに勉強を進めることは想像している以上に難しい。何年かかっても「少しマシになった」くらいの改善しか見られないこともある。現に筆者を含め発達障害の当事者の多くが、この「実行可能なスケジュールを立てること」「予定通りに進めること」について悩み続けている。だからこそ諦めず根気強く取り組んでほしい。

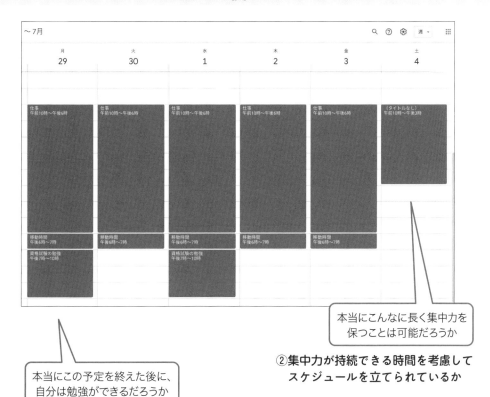

12

予定にない科目をやりたくなってしまう

対策

- 衝動を引き起こす刺激を取り除く
- 「衝動」が生まれたときに、本来やるべきことを思い出せるようにする
- 「衝動」を行動に移せない環境を作る

事例　予定通りに学習が進められない

現在、3カ月後に控えた日商簿記検定に向けて猛勉強中だ。週末は集中して勉強するチャンス。机に向かって問題集を手に取り、今日勉強する予定の「仕訳」のページを開こうとした……と、そのとき、目次に書かれている「試算表」という項目が目に入った。そういえば、友人が「僕は試算表の問題に苦戦した」と言っていたような気がするぞ。難しそうな科目から先に手をつけておいたほうがいいかもしれない。そう思って早速試算表のページを開いた。

数時間後、一区切りつき我に返った。そういえば、今日は仕訳の学習を進める予定ではなかっただろうか。なぜ予定とは違う科目をやり始めてしまったのだろう……。

原因　ポイントは「衝動スイッチ」のコントロール

ADHDの特性のひとつに「**衝動性**」がある。これは、後先を考えずに思いついた瞬間に行動に移してしまう性質のことだ。考える前に行動してしまうので、その衝動性をコントロールできないと話すADHDの人は多い。

落ち着いて考えれば「予定通りに進めたほうがいい」とわかるはず。しかし、「友人がこちらの科目のほうが難しいと言っていた」という情報を思い出した瞬間、どうしてもその科目をやりたい気持ちを抑えられなくなってしまったのだ。

ADHDの場合、ひとたび「衝

動スイッチ」が入ると、計画的に学習を進められなくなってしまうことが多い。

解決法　衝動スイッチをコントロールする仕組みを作る

衝動を引き起こす刺激を取り除く

この「衝動スイッチ」をコントロールするためにはいくつかポイントがあるので見ていこう。

まず、大切なのは**衝動を引き起こす刺激を取り除くこと**だ。先ほどの事例を思い出してほしい。予定していた科目とは違う科目のページが目に入ったことで、友人の話を思い出し、当初予定していなかった科目をやり始めてしまったことがわかる。

このように目から入った情報か

衝動を引き起こす刺激を取り除く工夫

無関係のページには
フセンを貼っておく

関係ないページは
隠して学習する

他の参考書には
カバーをかけておく

勉強部屋には
ポスターを貼らない

他の人の会話が
耳に入ってきやすい
場所では勉強しない

ら、衝動性のスイッチが押されてしまうケースは多い。これを防ぐためには、極力余分な情報が入らない学習環境を作る必要がある。

先ほどのケースでいうと、現在学習していないページにはフセンを貼っておいて、他のページが目に入らないようにするといった工夫が考えられる。

また、下敷きなどで予定していた科目以外の部分を隠しながら学習を進めるのも効果的だ。科目ごとに参考書が分かれている場合は、参考書の背表紙が見えないようにカバーをかけておくのもよいだろう。

その他にも、目から余計な刺激が入るのを防ぐために、勉強部屋にポスターを貼らないといった工夫もできる。

周囲の人の会話から衝動性のスイッチが入ってしまうなら、会話が耳に入りやすいカフェやリビングなどを避けて学習をしてみよう。

「衝動」が生まれたときに、本来やるべきことを思い出せるようにする

「やりたい！」という衝動が生まれたときに、**本来「やるべきこと」を思い出す仕組み作りをあらかじめしておくこと**も大切だ。たとえば、「今は仕訳の学習をする時間」と書いた紙を机や参考書に貼っておく。すると、衝動的に他の科目がやりたくなったときも、その紙を見て我に返るだろう。

衝動が生まれたときに見逃さないよう、目立つように太めの色付きマーカーなどで、できるだけ大きな字で書くようにしよう。

また、机や参考書、部屋の壁、スマートフォンなど複数の場所に貼って、いつでも目に入りやすい状態にしておくと、より衝動性のスイッチが入るのを防ぐことができる。

「衝動」を行動に移せない環境を作る

さらに、衝動スイッチが入っても、**行動に移せない環境を作っておくこと**も効果的だ。

万が一衝動が生まれても行動に移せなければ、落ち着いて本来やるべきことを思い出すことができる。

たとえば、その日に学習する予定のない科目の参考書は机の引き出しにしまって鍵をかけておくといった工夫がこれに当たる。また、自宅以外で勉強する際は、その日に学習する予定の参考書だけをカバンに入れていくことで、その科目しかやれない状態を作り出すのもひとつの手だ。

このように他の科目を学習したくてもできない状況をあらかじめ作っておくことで、衝動的な行動を防ぐことができる。

衝動スイッチが入ってしまったときの対処法

「衝動」が生まれたときに、本来やるべきことを思い出せるようにする

太めの色付きマーカーなどで、できるだけ
大きく書いて目立つようにする

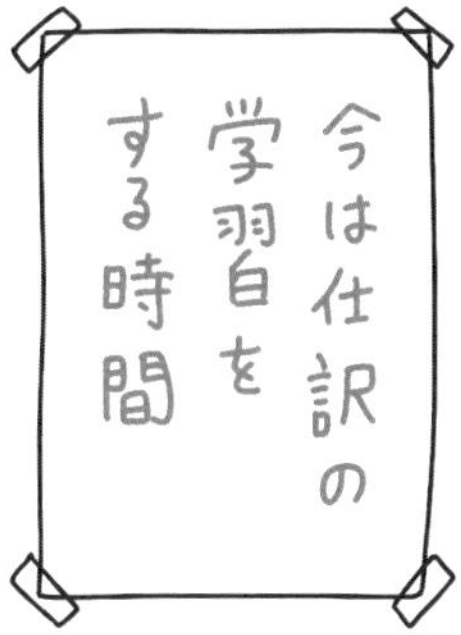

目に見えるところに
「今は〇〇をやる時間」と
書いた紙を貼っておく

複数の場所に貼っておく

「衝動」を行動に移せない環境を作る

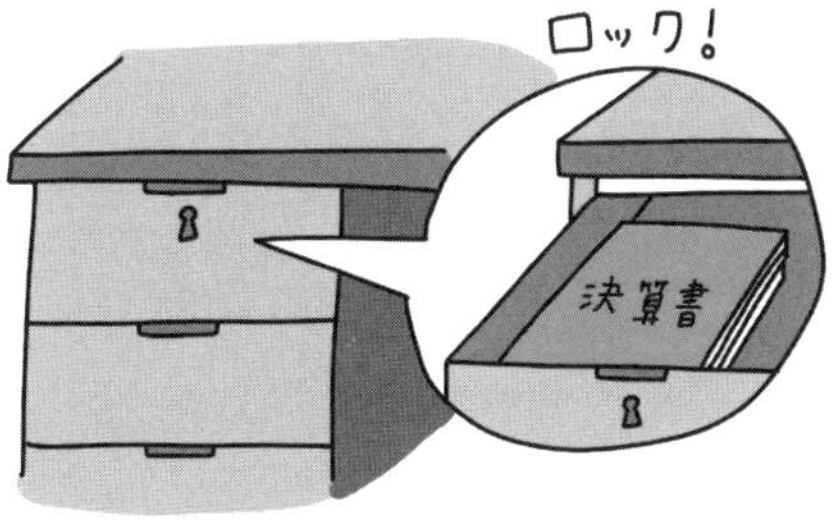

使わない科目の参考書は机の
引き出しにしまって鍵をかけておく

自宅以外で勉強する際は、その日に
やる予定の参考書以外は持っていかない

12

予想外のことが発生し、スケジュールが遂行できない

対策

- 作業時間を多めに見積もっておく
- 遅れを取り戻すための時間をあらかじめスケジュールに盛り込む

事例

せっかくスケジュールを立てたのに、予定通りに進められない

「明日までにこの仕事をお願いしてもいいかな？」

同じ部署の先輩に声をかけられた。引き受けたら残業は必須だ。「今日は仕事が終わったら資格試験の勉強をしようとしていたのに……」と思ったが、断るわけにもいかない。夜遅くまで勉強すれば大丈夫だろう。そう考えて結局仕事を引き受けることにした。

残業を終えて帰宅し、資格試験の勉強をしようと机に向かった。しかし、予定していた単元を見てみると予想以上に難しそうだ。夜遅くまで勉強しても予定していた範囲は終わりそうにない。「試験当日まであまり時間がないのに、本当に参考書を終えられるのだろうか……」と不安になって、結局あまり勉強がはかどらなかった。

突然の残業など予測不能な事態が起きても、試験日に間に合う学習スケジュールの設定をするにはどうしたらよいのだろうか。

原因

「こだわりの強さ」と「衝動性」が原因

ASDの場合は、あらかじめ決まっていた予定が変更になったり、物事が自分の思い通りに進まないと、不安になったりパニックになってしまったりすることがある。これは、「自分が決めたルール通りに物事を進めたい」といったASDの性質のひとつである**こだわりの強さ**からきている。

資格試験の勉強も自分が考えて

いた通りに進まないと、「本当に合格できるのか」と過剰に不安になってしまったり、スケジュールを組み替えて臨機応変に対処できなくなったりしてしまう。

　一方、ADHDの場合は、ASDとは別の理由で予定通りに進められないことが多い。たとえば、このような状況を経験したことはないだろうか。

「ある日、同僚たちから飲みに誘われた。今夜も勉強しようと思っていたが、久しぶりに同僚とも話をしたい。『早めに飲み会を切り上げて、帰ってから勉強すればいいだろう』と考え、飲み会に参加した。すると、予想以上に話が盛り上がり、誘われるがままに二次会にも参加。帰ったら疲れて勉強どころではなくなってしまった」

　この事例からもわかるようにADHDの場合は、「**衝動性**」が予定通りに学習を進める妨げになってしまう。

解決法　スケジュールを立てる際には、必ずバッファを持つ

　急に仕事を頼まれたり、飲み会に誘われたりするなど、意図していないことが起きるのはめずらしいことではない。つまり、スケジュールを立てても、その通りに進まないのは、むしろ「当たり前」といってもいい。

　こうした「急な」予定に合わせて逐一スケジュールを組み直すのは手間がかかる。

　そこで、お勧めしたいのは予定通りには進まないことを前提に、**あらかじめバッファ（ゆとり）を持ってスケジュールを立てておく**ことだ。

　では、バッファとは具体的にどのように作ればいいのだろうか。ここではいくつかのパターンを紹介していく。

作業時間を多めに見積もっておく

　まずは、**作業時間を多めに見積もっておく**のがよいだろう。たとえば、2時間で1単元分が終わると予想される場合は、「3時間」と見込んでスケジューラーに登録しておく。

　そうすると、少し長めに時間がかかってしまったとしても、スケジュールを再調整する必要がなくなる。

　特に、いつも予定していたよりも長く学習時間がかかってしまう傾向がある人は、想定の1・5倍

の時間を見込んでスケジューラーに登録しておくようにしよう。

遅れを取り戻すための時間をあらかじめスケジュールに盛り込む

予定通りに勉強が進まなかったときに、**「遅れを取り戻すための時間」をあらかじめスケジュールに盛り込んでおく**のもいいだろう。たとえば週末に学習を進める予定を立てていたとする。その場合は、「遅れた分は平日の仕事終わりに取り返す」と決めておく。逆に平日に学習を進める予定を立てているならば、週末を平日に遅れた部分を確保する時間としてスケジュールを確保する。

こうやってあらかじめ決めておけば、ASDの人は不安にさいなまれたり、パニックに陥ったりせずに、心に余裕を持った状態で学習を進めることができる。またADHDの場合も、衝動性によって勉強をするはずだった時間に違うことをしてしまったとしても、その遅れが致命的になることはない。

このとき、頭の中で「遅れた分は平日に進めよう」と考えておくだけでなく、実際にスケジューラーに「遅れた分を取り戻す用の時間」と書いて登録しておくとよい。そうすれば、その時間に他の予定を入れてダブルブッキングしてしまうことがなくなるからだ。バッファの時間は、しっかりとスケジューラーに登録しておくようにしよう。

予定通りに進んでいるのかを確認する時間を、あらかじめスケジュールに盛り込む

さらに、最低1週間に1回、できれば毎日**「予定通りに学習が進んでいるか」を確認する時間を入れておける**とよい。仕事に、プライベートに、資格試験勉強に……とやるべきタスクが多い場合、「本当に予定通りに進んでいるのか」を自分で把握するのすら難しくなってしまう人も多い。マルチタスクが苦手なADHDやASDの人ならなおさらだ。

落ち着いて振り返る時間をあらかじめスケジュールに盛り込んでおくことで、進捗を正確に把握し、もし大きな遅れがある場合は再度スケジュール自体を見直すことができる。こちらも、前述の「遅れを取り戻すための時間」と同様で、しっかりとスケジューラーに登録して他の予定とかぶらないようにしておくのがよいだろう。

また、「遅れた分を取り戻す用の時間」を登録しておくと、「いつ、どんなときに、どのくらい遅れているのか」を可視化できるため、遅れる傾向（特定の曜日や時間帯）に気づき、予定の立て方の改善につながることもある。

バッファ（ゆとり）を作る3つの方法

❶ 作業時間を多めに見積もっておく

- 2時間で終わると予想される単元の場合、学習時間を3時間にしてスケジュールを立てる

❷ 遅れを取り戻すための時間をあらかじめスケジュールに盛り込む

- 週末は、平日に遅れた分の学習を進める時間として確保しておく
- 基本は週末に勉強を進め、平日の仕事終わりに遅れた分の学習を進める時間を確保する

❸ 予定通りに進んでいるのかを確認する時間を、あらかじめスケジュールに盛り込む

- 毎日、最低でも1週間に1回はスケジュールと進捗を確認する
- 大きな遅れがある場合は、再度スケジュール自体を見直そう

12 たくさんの情報に惑わされてしまう

対策

- メリット・デメリット表を作成する
- 実際に体験してみて違いを体感してみる

事例 さまざまな口コミに右往左往

なるべく効率的に資格試験の勉強を進めたいので、インターネットでお薦めの予備校の情報を定期的にチェックするようにしている。

先日「A予備校の講師の教え方がうまい」と聞いて、早速A予備校に通い始めた。しかし、その1カ月後こんな書き込みを見つけた。

「A予備校に通っていたけれど成績が伸びなかった。B予備校にしたら講義がとてもわかりやすかったのでお薦めです」

これを見て、B予備校に変えたほうがいいのではないかと心配になってきてしまった……。

口コミに踊らされてしまい、結局どの予備校に通えばいいのか迷ってしまう。

原因 ADHDは衝動性、ASDは完璧主義が原因で情報に踊らされてしまう

口コミに踊らされてしまうのは、ADHDの「**衝動性**」が原因だと考えられる。情報を目にすると、落ち着いて考えるより前に「やっぱりこっちの予備校のほうがいいのかな」と闇雲に飛びついてしまうのだ。結果として、予備校を転々としてしまったり、なかなか予備校が決まらなかったり……といった状況に心当たりがある人は多いだろう。

ASDの場合は、「**完璧主義**」が仇となる。「情報収集を完璧にした上で、最も効率的に学習を進められる予備校を見つけたい」と考えてしまいがちなのだ。それゆ

えに、情報収集に時間を費やしすぎてしまったり、本当にこの予備校でいいのかと悩みすぎてしまったりして、結局なかなか学習を始められなくなってしまう。

これは、予備校を選ぶときだけに生じる問題ではない。学習する際に用いるテキストについても、大量の口コミに踊らされてしまい、なかなか選べない人は多いのではないだろうか。

解決法 口コミに踊らされず、自分に本当に合った予備校やテキストを選ぶ

ADHD、ASDいずれの場合も、口コミなどの多数の他者からの情報に踊らされてしまっていることが問題だ。ここでは、多くの口コミに踊らされずに、自分に合った予備校やテキストを見つける方法を考えてみたい。

メリット・デメリット表を作成する

自分に合った予備校やテキストをはっきりさせるためにお勧めしているのが、**メリット・デメリット表の作成**だ。自分が「なぜ予備校に通いたいのか」「そのために満たしていなくてはいけない条件は何か」を言語化し、各予備校を比較するのだ。

たとえば、「自分だけで学習していてもわからない範囲について、質問できるように予備校に通いたい」と考えているとしよう。その場合は、「チューター制度が整備されている」「動画教材を用いて学習を行うサテライト授業ではなく、講師に教わる授業形態である」「集団授業よりも質問がしやすい個別授業が選べる」といった条件がそれに当たるだろう。

また、継続して予備校に通い続けるために必要な条件も挙げておこう。たとえば、「家から近い」「授業料が○万円以内」といった条件がそれに当たる。

これらの条件が整理されたら35ページのように、候補に挙がっている予備校がどの程度条件に当てはまっているのかを確認する表を作成してみよう。

このように比較してみると、B予備校が最も自分が考える条件に近い予備校であることが一目瞭然となる。

口コミはもちろん参考にはなるが、結局は「他者が考える条件にマッチしているかどうか」を表した情報にすぎない。大切なのは、自分が予備校やテキストを選ぶ上で、何を重要視しているのかを目に見える形にして、それに沿った選択肢を選ぶことだ。そのためにこうしたメリット・デメリット表を作成してみるのはひとつの手になるだろう。

実際に体験してみて違いを体感してみる

メリット・デメリット表を作成しても、○の数がまったく同じになってしまい選べないこともあるだろう。その場合にするべきなのは、**実際に体験してみること**だ。

予備校の場合だったら体験授業を受けてみる。参考書であれば図書館や友人から借りて数日間試してみることがこれに当たる。

すると、「A予備校のほうが講師の人が親切で質問がしやすいな」「B予備校は料金に対して得られる効果が少なくコストパフォーマンスが低そうだな」「テキストCのほうが解説が丁寧でわかりやすいな」「テキストDはイラストを多く用いていて親しみやすいな」といった新たな発見があるかもしれない。

表を作成した時点ではわからない情報もある。最終的には実際に通ってみたり、使ってみたりする中で、自分の感覚を信じて選択していくのがいいのではないだろうか。

自分のことをよく知っている人に相談する

メリット・デメリット表を使っても、実際に体験してみても、なかなか自分では決められない人もいるだろう。一人で決められない場合は、インターネット上の口コミを参考にするよりも、**自分のことをよく知っている人に相談するようにしよう**。インターネット上の口コミは「あくまでコメントを書いた人の意見」である。その意見が参考になるのは、あくまでその人と考え方が似ていたり、特性が似通っていたりする場合のみである。

しかし、「口コミを書いた人がどのような特性を持ち、どのような考え方をする人なのか」といった情報がインターネット上には詳しく載っていないことも多い。考え方や特性が似ていない人の意見を参考にするのは、先ほどのメリット・デメリット表でまったく異なる条件を掲げている人の意見を参考にしてしまうようなものだ。自分にとっては役立たない情報である可能性も高いのだ。

その点、自分のことをよく知っている学校の先生や両親、先輩、友人といった周囲の人ならば、「こういう観点から、あなたにはこちらのほうが合っている気がする」とアドバイスをくれることが多い。もちろんそれを闇雲に信じてはいけないが、「2つのうちどちらにしたらいいのだろう」「どうしても一人では決められない」という場合は、自分のことをよく知っている人に相談してみるといいだろう。

メリット・デメリット表を作成する

なぜ予備校に通いたいのか？

自分だけで学習していてもわからない範囲について、質問できるように予備校に通いたい

そのために満たしていなくてはいけない条件

①チューター制度が整備されている
②動画教材を用いて学習を行うサテライト授業ではなく、講師に教わる授業形態である
③質問がしやすい個別授業が選べる

通い続けるために必要な条件

①自宅から近くて通いやすい
②授業料が○万円以内

	A予備校	B予備校	C予備校
チューター制度がある	○	○	○
サテライト授業ではない	×	○	○
個別授業が選べる	×	○	×
自宅から近い	×	○	×
授業料が○万円以内	○	×	×

自分が考える条件に最も近いものを選ぶ

12

何から手をつけていいかわからない

対策

- 模擬試験を受けて苦手分野を把握し、優先順位をつける
- 配点と出題率から優先順位をつける
- 試験や資格取得の目的に応じて優先順位をつける

事例

いざ勉強しようと思っても何から手をつけていいのか

半年後に、TOEICを受験しようと思っている。公式ホームページを見たところ、リスニング100問と、リーディング100問の、合計200問のマークシート方式のテストのようだ。

ここまではわかったものの、具体的に何から手をつけていいのかまったく見当がつかない。

単語を覚えたほうがいいのか、文法を集中的に学ぶべきなのか。それとも、演習問題を解いてみたほうがいいのだろうか。

原因

ADHDもASDも優先順位づけが苦手

ADHDやASDの人は、**優先順位づけが苦手**だといわれている。

ADHDの人の場合、「衝動性」が原因のひとつだと考えられている。衝動的に目の前のテキストを始めてしまうため計画的に学習が進められない。自分がやりたいと思った教科を衝動的に学習してしまう。

このように優先順位がうまくつけられず、計画性がなく学習を進めた結果、結局試験範囲が終わらないといった事態に陥ることも少なくない。

同様に、ASDの人も優先順位づけが苦手だといわれている。しかし、ASDの場合は、ADHDとは原因が異なる。

ASD傾向のある人はこだわりが強く、客観的な観点からではなく、いわば**「マイルール」で優先**

順位を決めてしまいがちなのだ。たとえば、「テキストは1章から順番にやりたい」「単語はあいうえお順に覚えたい」といったこだわりがこれに当たる。

必ずしもその「マイルール」が効率的な学習の順番とは限らないため、結果として資格試験などで結果が出しづらいケースも多い。

解決法　まずは模擬試験を受けてみて、それを参考に優先順位をつける

ADHDもASDも、客観的な視点から適切に優先順位をつけることで、学習内容に納得感が増し、自信を持って取り組むことができる。したがって、「客観性」を持つことが何よりも重要になる。

ここでは、客観的な視点から優先順位をつける方法をいくつか紹介したい。

優先順位をつけるための2つの方法

❶ 模擬試験を受けて苦手分野を把握し、優先順位をつける

- まず模擬試験を受けてみる
- 点数が低かった単元の優先度を高くして学習する
- すべての単元の点数が低かった場合は、まずはテキストを一通り最初から最後まで終わらせることを最優先にする

❷ 配点と出題率から優先順位をつける

- 公式ホームページや参考書に掲載されている配点や出題率を確認する
- 配点や出題率が高い単元から優先的に学習を進める

模擬試験を受けて苦手分野を把握し、優先順位をつける

客観的な視点から学習の優先順位をつけるためには、**模擬試験を受ける**のがお勧めだ。こうすると、自分が出題範囲のうち、どの分野が苦手なのかが点数を見れば一目瞭然になる。

たとえば、TOEICの模擬試験を受けてみて、短文の穴埋め問題の点数が低ければ、文法が苦手だとわかる。また、リスニング問題の点数が低ければ、聞き取りが苦手だとわかるだろう。すべての問題に手が出ないようだったら、そもそも単語が理解できていない可能性があるので、単語の暗記から始めるのがいいかもしれない。

模擬試験を受けてみると、自分の苦手を客観的に把握できるので、重点的に学習するべき範囲がはっきりとするのだ。

資格試験の種類によっては、模擬試験がないこともあるだろう。その場合は、過去問題を自分で解いてみてもよい。自己採点を行い、点数が低かった分野から優先的に学習することで、効率的に合格への道を歩めるだろう。

配点と出題率から優先順位をつける

学習の優先順位づけに役立つものがもうひとつある。それが「**配点**」と「**出題率**」だ。試験に合格するためには全問完璧に解答する必要はない。合格点を超える点数を取ればいいのだ。そう考えると、配点が高く、出題率が高い分野から学習を進めていくのは、とても効率的だといえる。

配点や出題率は、資格試験の参考書の巻頭や巻末に載っていることが多い。場合によっては、公式ホームページでこれらのデータが公開されていることもある。チェックして、学習の優先順位をつけていこう。

試験や資格取得の目的に応じて優先順位をつける

試験によっては難しい場合もあるが、**「学習の目的」に応じて優先順位をつけることもできる。**

たとえば、TOEICの場合、短文による語彙・文法問題は、比較的短期間での得点アップが可能だ。一方で、長文読解の問題は、長文に慣れるまでに必要な学習量や時間を考えると、短時間での得点アップは簡単ではないといえる。よって、短期間でスコアを上げたい人は語彙・文法問題、スコアよりも着実に読解力を身につけたい人は長文問題に取り組む必要がある。このように、今後の目標に合わせて考えるのもよいだろう。

第2章

勉強する気が起きないのを何とかしたい

過集中・寝起き対策

苦手分野を避けて得意分野ばかり勉強してしまう、早起きして勉強したいのになかなか起きられない。どうしたらもっと「やる気」が出るのだろうかと悩む人も多いだろう。しかし、それは単に「過集中」や「睡眠障害」といった特性・症状である可能性もある。この章ではその対策について見ていこう。

得意分野ばかりやってしまう

対策

- 得意分野のやりすぎを防ぐ
- 学習時間のばらつきを可視化する
- 得意分野の学習タイミングを踏まえて計画を立てる

事例

得意分野をやっていると時間を忘れてしまう

今年、公務員試験を受けようと思っている。数学がとても得意なので、「数的処理」の問題を解くのは楽しい。この間も、気づくと5時間以上も机に向かって「数的処理」の問題を解いていた。こんなに頑張っているのだから試験も楽勝だろうと気楽に構えていた。

試験日が間近に迫ってきたので、模擬試験を受けてみることにした。すると驚きの結果が出たのだ。得意だった数的処理の分野は満点近い点数だったが、苦手で無意識のうちに勉強を避けていた「文章理解」の単元の点数がほとんど取れていなかったのだ。得意分野に熱中するうちに、苦手分野がおろそかになっていたようだ……。

原因

得意分野では「過集中」に陥ってしまう

ASDの場合、自分の興味がある分野にとことんのめり込む傾向がある。この状態は「**過集中**」とも呼ばれ、長時間にわたってやり続けていてもまったく苦痛を感じないほどだといわれている。この過集中が原因で、得意分野の勉強だけに取り組んでしまい、その他の分野はおざなりになってしまうことも多い。

また、この傾向はADHDでも見られる。ADHDの「**不注意特性**」を持つ人は、注意力が散漫で集中が継続しづらいといわれている。しかし、自分が興味がある分野の場合は、逆に過度に熱中してしまい、なかなか別の行動への切り替えができなくなることもある。

ＡＳＤ・ＡＤＨＤいずれの場合も得意分野に熱中しすぎてしまう過集中状態が、バランスよく学習を進める上での妨げになっているのだ。

解決法 得意分野のやりすぎを防ぐ

興味のある得意分野への「過集中」を防ぐ環境作りで最も簡単に取り組めるのは、**「事前に学習スケジュールを設定し、それに合わせてタイマーをかけておく」**方法だ。

「〇日の□時から△時までは××の勉強をする」と決めておき、その終了時刻に合わせてタイマーをセットしておく。そして音が鳴ったら、必ず一度学習をやめると決めておこう。そうすると、過集中状態から抜け出しやすくなる。

また、家族や友人が身近にいる

得意分野への過集中を防ぐ方法

タイマーをセットする

家族や友人から時間に
なったら声をかけてもらう

学習時間のばらつきを
可視化する

場合は、終了予定時刻を伝えておいて、その時間になったら声をかけてもらうのも有効だ。過集中状態に陥っているときは軽く声をかけられただけでは気づかない場合もあるので、顔をのぞき込んで話しかけてもらう、肩をたたきながら声をかけてもらうように頼んでおくといいだろう。

学習時間のばらつきを可視化する

もうひとつ、過集中による学習時間のばらつきを防ぐためには、**「どの教科をどれくらい勉強したか」を可視化すること**が大切だ。

過集中状態に陥っているときは「時間が経っている」という感覚すら抱きづらい。そのため、自分では「他の教科に比べて、学習しすぎている」と感じていないことも多いのだ。下手をすると苦手教科を10分行うほうが、得意教科を3時間やるよりも体感時間として長く感じてしまう可能性がある。

学習時間のばらつきを可視化するのにお薦めのツールが**toggl（トグル）**だ。togglは、「何をどのくらいの時間行ったか」を簡単に可視化できる時間管理ツールだ。

togglのよい点は、プロジェクトを設定し、プロジェクトごとに時間を計測できる点だ。たとえば公務員試験であれば、「数的処理」「文章理解」「人文科学」「自然科学」「社会科学」といったプロジェクトを作成する。そして、時間を計る「開始ボタン」をクリックする前に、プロジェクトを選択しておくのだ。そうすると、各単元にどれくらい時間をかけて学習しているのかを円グラフ形式で見ることができる。

特定の教科の学習時間が著しく多くなってしまっている場合は、過集中モードに入ってしまっている可能性がある。各分野の進み具合を適宜見直すようにしよう。

得意分野の学習タイミングを踏まえて計画を立てて、モチベーションも維持する

得意分野になると、自然と意欲がわき、時間を忘れるほどに熱中して学習できる人は、**モチベーションがわきづらい曜日・時間帯では、得意分野を学習する時間にしてみよう。**

たとえば、「火曜日は仕事でミーティングが多い日だから、疲れやすい」「休日は、あまり机に向かいたくない」などの傾向があるとする。そんなときは、得意分野を勉強する予定を立てることで、勉強へのハードルが下がりやすくなることもある。

気持ちのみでモチベーションを維持することは難しいため、こうしたテクニックもぜひ活用してみてほしい。

togglの使い方

1 https://toggl.com/signup/を開き、アカウントを作成する。

2 左端のタブから「Project」を選択する❶。その後、右上の「New project」をクリックする❷。教科（学習種別）ごとにプロジェクトを登録する（例：「リスニング」「文法」「単語」など）。

3 左端のタブから「Timer」を選択する。学習を始めると同時に、右端の緑色音「開始ボタン」を押す。学習を終了する場合は「停止ボタン」を押す。これによって学習時間を正確に計測できる。時間を計る際にはタスクの名前を入力する欄に「テキストp.105~108」のように、実施した範囲がわかるように名前を入力しておく。また、名前の入力欄の右側にフォルダの形をしたマークがある。こちらをクリックすると、先ほど登録した「Project」＝教科（学習種別）を選択できる。「リスニング」「文法」「単語」などカテゴリを選択しておくと、後からカテゴリごとの累積学習時間を確認できる。

4 左端のタブから「Report」を選択する。すると1週間ごとの日別学習時間やカテゴリごとの学習時間が確認できる。得意な教科をやりすぎてしまっていないかなどはここから確認する。

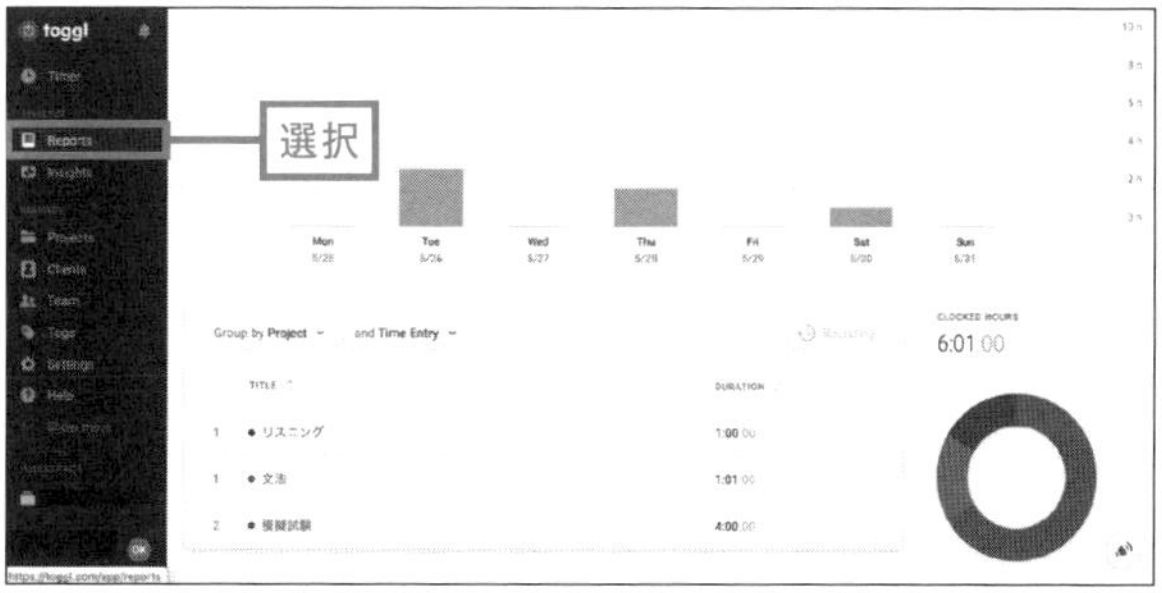

不得意分野になると頭に入ってこない

対策

- 不得意分野は漫画やユーチューブ動画で興味を持ちやすくする
- 不得意分野だけ予備校に通う
- 不得意分野が終わった際の「ご褒美」を用意する

事例　不得意分野に手をつけられないまま、試験日まで残りわずかに

数カ月後の資格試験に向けて勉強を始めた。合格するためには、複数の科目をバランスよく勉強しなくてはならない。しかし、得意分野の問題集はサクサク進むのに対して、不得意分野はどうもやる気が起きないのだ。不得意分野は勉強を始めても、すぐに集中力が切れてしまう。

そうこうしているうちに、試験日まで残り1週間をきってしまった。慌てて不得意分野の勉強も始めたがまったく理解できず、焦りだけが募っていく……。

原因　興味を持てる分野が限られている

前節でも説明したように、ASDの人は**興味を持てる範囲に偏りがあることが多い**。特定の分野へのこだわりが強い一方で、興味がないものに関しては、まったく知識が頭に入らなかったり、手をつけられなかったりする。

ADHDの場合も同じだ。興味のある事柄には何時間でも集中できる過集中状態になる一方で、興味がないことに取り組むと気が散りやすく、ミスが多くなったり、途中で投げ出してしまったりする。

解決法　障害の特性と対策方法を知る

こうした状態が続くと、傍から見ている人は「怠けているのではないか」と考えてしまいがちだ。

また、本人が「自分はやる気がないのだろうか」と落ち込み、自信を失ってしまうことも多い。

しかし、これらはADHD、ASDの特性が原因であり、決して怠けているわけでも、やる気がないわけでもない。特性に合った対策方法を知っておくとよいだろう。

不得意分野は漫画やユーチューブ動画で興味を持ちやすくする

不得意分野に手がつけられないのは、その分野に興味が持ちづらいからだと考えられる。だとすれば**「学ぶ方法」を興味が持てるものに変えてしまう**のもひとつの手だ。具体的には、漫画教材やユーチューブなどの動画教材を用いることがこれに当たる。

たとえば、簿記の場合「マンガでやさしくわかる日商簿記」シリーズ（日本能率協会マネジメントセンター）がある。リストラの出向辞令が下った主人公が、元の職場に戻るために日商簿記に合格しようとするストーリー仕立てになっており、その過程で各科目の内容が説明されている。このように資格試験によっては面白く読める漫画が発売されている場合も多いので、探してみてもいいかもしれない。

またユーチューブでも、資格試験のポイントを解説した動画が公開されている。ユーチューブは視聴回数が増えるように配信者も飽きさせないような工夫を凝らしているし、「視聴者が困っているポイント」をまとめた動画も多いので役に立つ。とはいえ、ユーチューブは監修が入っていないケースもあり、正確性に欠ける動画も存在する。そのため、ユーチューブだけで学ぶというよりは、補助教材的に利用するのがよいだろう。

不得意分野だけ予備校に通う、予備校の動画教材を用いる

不得意科目だけ予備校に通ったり、予備校の動画教材を用いたりするのも有効な手だ。講師に教わればわかりやすいだけでなく、高い料金を払っており、かつ時間も拘束されているので、「やらなくてはならない」という意識になりやすい。不得意でも強制的に学習せざるをえなくなる。

先ほど漫画やユーチューブを紹介したが、予備校の講座や動画教材が優れているのは「体系的に学

「マンガでやさしくわかる日商簿記」シリーズのように、漫画で学習すると興味を持ちやすくなる

べる」点だ。たとえば、ビジネススクール大手の「グロービス・マネジメント・スクール」のカリキュラムを例に見てみよう。「ファイナンスにおける基礎的概念の確認」「キャッシュフローの増分分析と事業採算性の検証」「企業価値評価（バリュエーション）の基本と資金調達」「バリュエーションと投資判断」といったようにファイナンスの知識を体系的に学ぶことができる。

　多くの生徒が学んできた実績がある予備校や動画教材はそれだけ改善が行われているので、すっと頭に入ってきやすい。不得意分野を避けてしまうのは、もちろん興味がわかないという理由もあるが、単に理解ができておらず「よくわからないから」ということも考えられる。その場合は、このような体系立てられた予備校の講座や動画教材を利用するとうまくいくことが多いだろう。

不得意分野が終わった際の「ご褒美」を用意する

　内容に興味が持てない場合、力技ではあるが**「ご褒美」を用意することでモチベーションを担保する方法**もある。「今日勉強したら明日は休んでいい」「〇ページまで終わったら、コンビニにおやつを買いに行く」など内容は何でもよい。自分がやる気になれるご褒美を考えよう。

不得意分野の習得は人よりも時間がかかることを理解し、焦らない

　原因で述べたように、ASDやADHDの人は興味がない分野の内容が頭に入らなかったり、途中で投げ出してしまったりすることもある。

　限られた時間で学習を進める中で、不得意分野になると途端に内容への理解度や集中力が低下し、焦る人も少なくはないだろう。焦れば焦るほど、参考書や教材動画の内容が入ってこなくなり、精神衛生上悪影響である。

　だからこそ皆さんには、**「不得意分野の習得は遅いのが当たり前、時間がかかるのは仕方がない」**と思っておいてほしい。

　そうすることで、不得意分野においては他の分野よりも2〜3倍の時間を確保しておくことができるし、参考書を2回読んで理解できなくても、悲観的になるのではなく、また読み返せば徐々に理解できるだろうと思えるようになる。試験によっては、不得意な分野は最低限理解すべきところは取り組み、得意分野の点数を大幅に伸ばす、といった戦略も立てられるかもしれない。なるべくストレスを減らして学習に取り組めるように意識してみよう。

不得意分野を克服する3つの方法

①漫画やユーチューブ動画で興味を持ちやすくする

②不得意分野だけ予備校に通う、予備校の動画教材を用いる

③不得意分野が終わった際の「ご褒美」を用意する

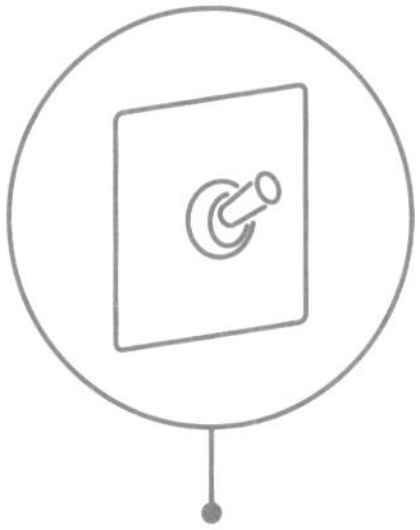

コツコツと学習を進めることができない

対策

○マイルストーンの期間を短く・複数設定する

○自己管理が難しければ、他人からのサポートを受ける

事例

毎日コツコツと進めることができない

試験日に向けて余裕を持った学習スケジュールを立てることができても、計画的に実行できずに、試験日直前に無理をしなければいけないことが多々ある。

たとえば、TOEICにおいて「6カ月後の試験日で○○点を取る」という目標を立て、次のようなスケジュールを立てたとする。

- 参考書2冊と過去問題集1冊を使用する
- 参考書はそれぞれ2周し、過去問題集は4周する
- 1カ月目で参考書①を終わらせ、2カ月目で参考書②を終わらせる
- 3～4カ月目で参考書①・②を復習し、5～6カ月目で過去問題集を4周する

バッファを持たせたスケジュールであることを確認し、無理のない計画を立てたとしても、実際は仕事やプライベートのタスクに追われてしまい、計画通りに参考書を終わらせることができなかった。結局のところ、試験前の1カ月で慌てて参考書①と過去問題集を1周しただけで試験日を迎えてしまった。

毎日無理なく学習を進めるためにスケジュールを立てたのに、試験日直前に詰め込む学習方法は変わっておらず、試験日までに十分な学習時間を確保できなかった……。

スケジュールに沿って学習を進めるためには、どうすればいいのだろうか。

原因　人によっては、スケジュールを立てただけでは改善しきれない場合も

第1章では、ADHD・ASDともに苦手とされているスケジュール・段取りに関する解決策を提示した。

しかし、ADHDの特性のひとつである**「衝動性」**傾向が強い人の場合、第1章を参考にスケジュールを立てたとしても、スケジュールによる拘束力が効かないことがある。

「予定通りに進めなければいけない」とわかっていても、当日になると別のタスクに追われてしまい、進められなくなる。時には、スケジュールにバッファを持たせていても実行できないこともありうるのだ。

解決法　マイルストーンの期間を短く・複数設定する

マイルストーンを長く置いた場合、計画の立て直しや目標の見直しをする機会を設けづらくなる。

予定通りに進めたい意思がある分、できない自分に対してのいら立ちや焦りで、心に余裕がなくなる人もいるのではないだろうか。

スケジュールを立ててもその通りに実行することが苦手な人は、**マイルストーン（中間目標）の期間を短く・複数設定する**ようにしよう。

今回の事例であるTOEICにおいては、次のようにマイルストーンを設定できる。

- 1年後に○○点を達成するために、毎月TOEICを受ける。TOEICの点数目標を小刻みに設定する

TOEICの場合は基本的に毎月開催されているため、1カ月ごとに自分の実力を確認でき、モチベーションを維持しやすい。たとえば、現在の点数が600点で、1年後の目標点数が800点の場合、来月の目標は620点、再来月の目標は640点……と少しずつ目標点数を上げていく。1年後の目標だけだと日々頑張りづらいが、目標が毎月あることで怠けることなく勉強を続けられる。

スケジュールが崩れても、次の1カ月に向けて立て直しを図ることもできるため、「巻き返しができないほどに学習時間が確保できない」といった状況も回避できる。

自己管理が難しければ、他人からのサポートを受ける

マイルストーンの期間を短く・

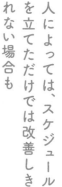

複数設定してもうまく実行することができない人は、**他人からのサポートを受ける**こともひとつの手だ。特にお勧めなのが「自腹を切って予備校に通い、講師にマネジメントしてもらう」ことだ。

注目すべきは「自腹を切る」という点で、「自分で費用を払っているのだから、存分に予備校を活用し、結果を出さなければいけない」という気持ちから自身に喝を入れやすくなる。

こうした思いがあれば、「万全の状態で授業に臨むために、事前に予習して理解できていない点を洗い出しておこう」「集中して授業を聞くようにしよう」「レベルの高い講義をしてもらうためには、小テストで高得点を出せるようにしよう」と気を引き締めて学習できる。

また、講師によっては、学習スケジュールだけでなく、その人にとって適切な学習方法、モチベーションの維持もマネジメントしてくれる。

思った通りに学習が進まないことへの不安や焦りを一人で抱え込むのではなく、壁打ち相手として講師に相談することで、心に余裕ができて学習に集中できる人もいる。

講師との相性が重要なため、①学習する上で苦手なこと（スケジュールを立てることなのか、モチベーションを維持することなのか）、②どのように接してもらえると頑張れるのか（厳しくしてほしい、褒めながらテンションを上げてほしい）などを整理しておこう。

完璧主義に陥らないようにする

マイルストーンを設定し実行する際に、ＡＳＤ傾向で特に白黒思考が強い方にとっては、１つ注意しなければいけないことがある。

それは、「**完璧主義に陥らない**」ことだ。

自分で定めたマイルストーンが守れなかったときに、「これ以上勉強しても意味がない」「自分は勉強に向いていない」と投げやりになってしまう方もいるだろう。予定通りに進まないことが原因で、勉強自体をやめてしまう方もいるかもしれない。そんな方には、完璧に予定通りに勉強を進められる人などほとんどいないことを知ってほしい。

筆者が経営するキズキという会社には、公認会計士など難関資格を取得した社員もいるが、受験生時代に予定通りに勉強を完璧に進められた人にはほとんど出会ったことはない。だからこそ、「80％ぐらい進捗通りできていればＯＫ」というスタンスで臨む姿勢も重要である。

マイルストーンの設定例（TOEICの場合）

・2021年11月の点数　600点
・2022年11月の目標　800点

小刻みに目標を設定していく

・2022年 2 月　650点
・2022年 5 月　700点
・2022年 8 月　750点
・2022年11月　800点

うまく実行することができないときには……

他人からのサポートを受ける

・自腹を切って予備校に通う

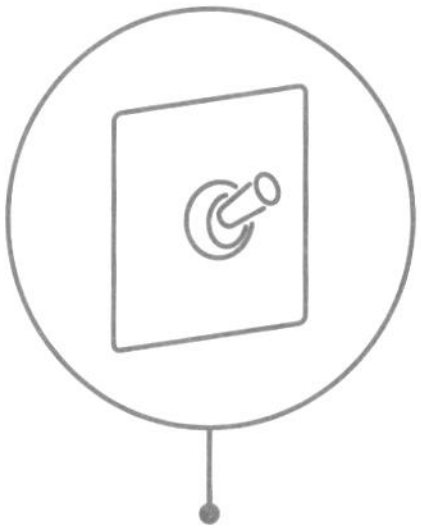

夜寝つけないため、寝不足で頭が働かない

対策
- 明るい光を避ける
- 音を避ける

事例

眠りにつくまでに時間がかかり寝不足に。頭が働かず勉強も進まない

最近、ベッドに入ってから眠りにつくまでに時間がかかる。23時にはベッドに入るようにしているものの、寝られるのは朝方の3時近くになってしまうことも。

朝8時には出社しなくてはならないので、どうしても睡眠時間が短くなってしまう。

会社で頭がぼーっとしてしまうのはもちろんのこと、寝不足で頭が働かずなかなか資格試験の勉強も進まずに悩んでいる。

原因

「感覚過敏」が眠りにつく妨げに

ASDやADHDといった発達障害である場合、なかなか眠りにつけない、眠ってもすぐに起きてしまうなどの睡眠に関する困難を抱える人の割合が多いことがわかっている。原因はまだ明らかになっていないが、ADHDの場合は日中に過集中に陥ることで、脳が活発に働いてしまい、眠りにつきづらくなると考えられている。

また、ASDやADHDの場合、音や光といった特定の刺激に敏感に反応する「**感覚過敏**」の症状が現れる人も多い。感覚過敏には、光や明るい色に敏感に反応する「視覚過敏」や、大きい音や高音・低音がストレスに感じる「聴覚過敏」などの種類がある。こうした感覚過敏の症状がある人は、ほんのわずかな光や音であっても眠りにつく妨げになってしまうこともあるので注意が必要だ。

解決法 「音」と「光」を徹底的に避けよう

明るい光を避ける

人間の体は夜になると「メラトニン」という物質が分泌され、眠くなるようになっている。この「メラトニン」は、夕方以降に日光が弱まると、それを体が感知して分泌される仕組みだ。つまり、日没後も光を浴び続けると「メラトニン」が分泌されず、眠りにつきづらくなってしまう。特に視覚過敏の場合、わずかな光も刺激となってしまうので、極力眠る前は光を避けるといいだろう。

まず、寝る前は、可能な限り早い時間に**間接照明に切り替えよう。**間接照明とは、部屋全体を明るくするのではなく、壁や天井を照ら

就寝前に光を避ける工夫

部屋の電気

間接照明に切り替える

ブルーライトカットメガネ

どうしてもスマートフォンやパソコンを寝る前に使用する場合は「ブルーライトカットメガネ」が役に立つ

スマートフォン、パソコン

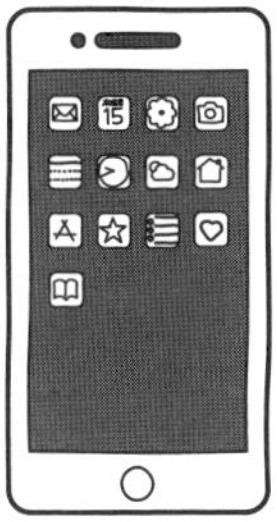

- 寝る前2時間は使用しないのがベスト
- どうしても使用しなくてはならない場合は「ナイトモード」にする

した反射光を活かして部屋を明るくする照明だ。間接照明を使用すれば、部屋が明るくなりすぎるのを防ぐことができる。

また、スマートフォンやパソコンには、明るさを下げたり、ディスプレイを目にやさしい暖色系の色調に変えることができる「ナイトモード機能」が搭載されていたりすることが多い。たとえば、iPhoneの場合は、現在地の日の入りの時刻を過ぎると自動的にディスプレイの色が暖色系に変わり、朝になると自動的に通常のモードに戻してくれる「Night Shift」機能がある。設定の仕方は56ページの通りだ。

ブルーライトカットメガネも有効だ。ブルーライトとは、３８０〜５００ナノメートルの波長を持つ青色光であり、目や身体に大きな負担をかけるといわれている。ブルーライトを避けると、眠りにつきやすくなると考えられている。

ただし、ブルーライトカットメガネについては最近になって眼精疲労に効果がないという研究結果も発表されている。そのため、過度な期待はしすぎないようにしよう。

音を避ける

感覚過敏を持つ人にとって光だけでなく音も睡眠を妨げる刺激になりやすい。**眠りにつく妨げになる音は極力排除するようにしよう。**

たとえば、時計の秒針の「チクタク」という音が気になって眠れない人は多いのではないだろうか。その場合は、音がしないデジタル時計を選ぶようにしよう。どうしても壁掛けのアナログ時計を部屋に置きたい場合は、「音のしない壁掛け時計」がお勧めだ。たとえば、セイコーの「セイコークロック　電波掛け時計」は電波を受信して正確な時刻を表示してくれる。

他にも検索エンジンで「時計　音がしない」と検索すると、さまざまなデザインの時計が見つかるので、ぜひ探してみてほしい。

さらに、隣や上の部屋からの騒音や、同居人の動く音などが気になって寝られない人もいるだろう。その場合は、耳栓を使ってみるのもいいだろう。

最近では、睡眠時用に特化した耳栓も出ているので、使ってみてもいいだろう。

「セイコークロック 電波掛け時計」は音のしない壁掛け時計としてお薦めの商品
https://www.seiko-clock.co.jp/product-personal/wall_clock/satellite/gp212b.html

睡眠時用に特化した耳栓

スポンジタイプ

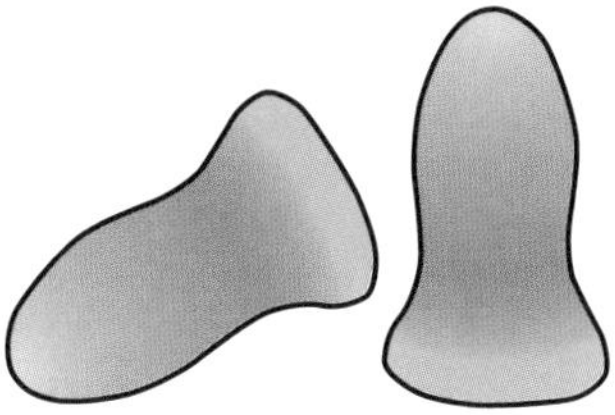

- スポンジや低反発ウレタンなどを使用した耳栓
- 安価で手に入る
- 長時間使用しても耳にやさしい

フランジタイプ

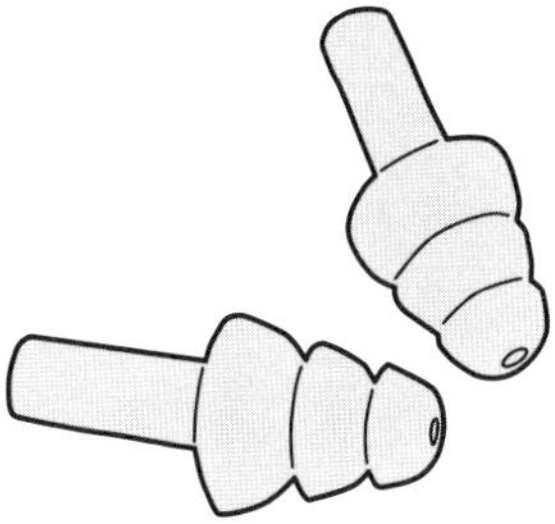

- 複数のヒレが層状になっている耳栓
- 主にシリコン素材を採用している
- 水洗いして繰り返し使用できる
- 気圧の変化に強いモデルが多い

シリコン粘土タイプ

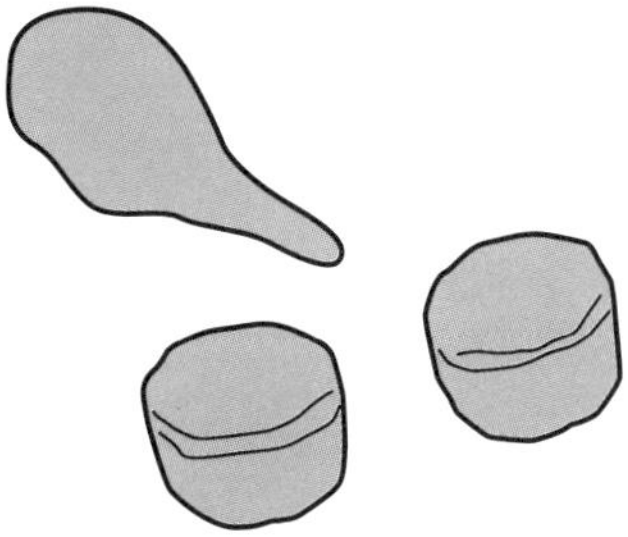

- 粘土のように形状を変化させられる
- 千切って使用できる
- 耳穴に入れず、その周りを覆うので圧迫感がない

デジタルタイプ

- 騒音は消えても声は聞こえる
- イヤホンタイプであるため、人によっては長時間耳に入れていると痛みを感じる

iPhoneの「Night Shift」の設定の仕方

その1

1 コントロールセンターを開く。

2 明るさ調節のアイコンを強めに押して、太陽のマークをタップする。

3 「Night Shift オフ」をタップする。

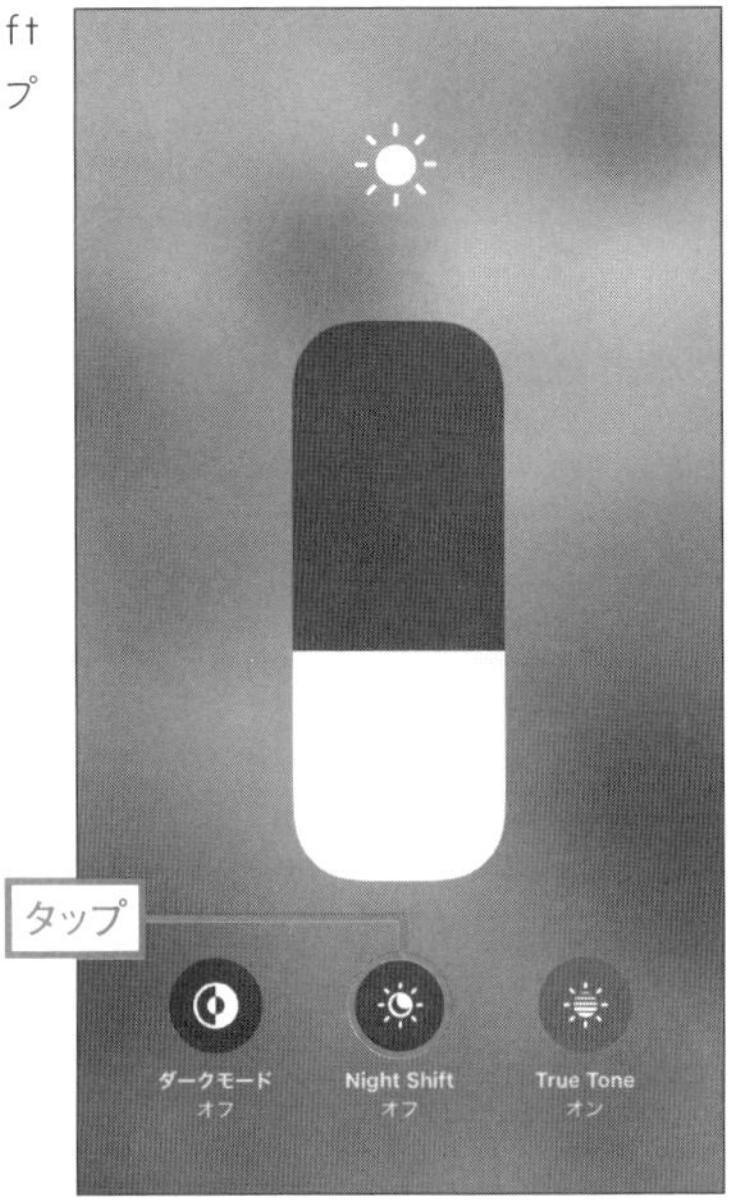

4 ディスプレイの色が切り替わる。

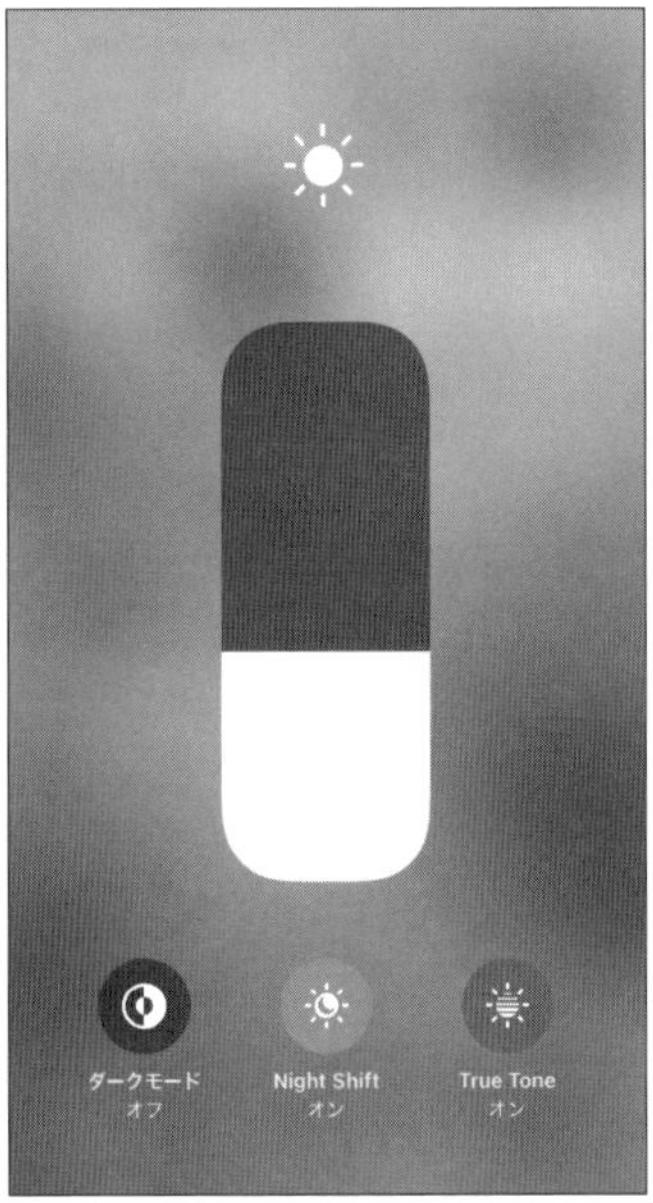

その2

1 設定から「画面表示と明るさ」をタップする。

2 「Night Shift」をタップする。

3 時間指定をオンにしてNigth Shiftに切り替えたい時間帯を指定する。

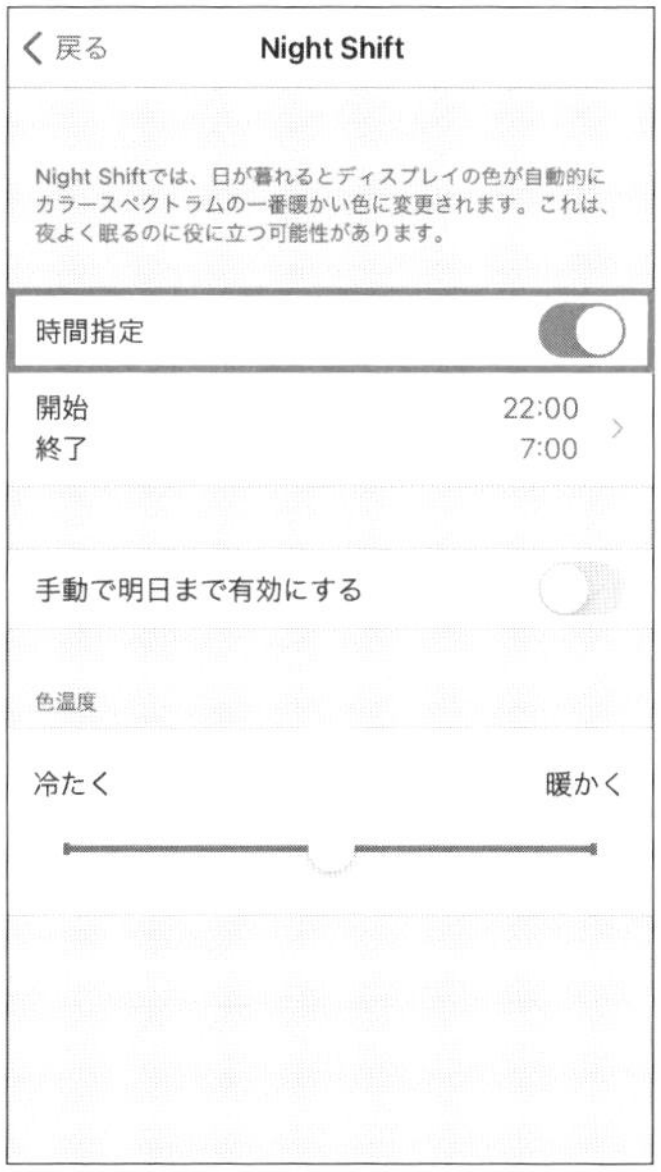

4 「手動で明日まで有効にする」をタップすれば、すぐにNight Shiftに切り替えることもできる。

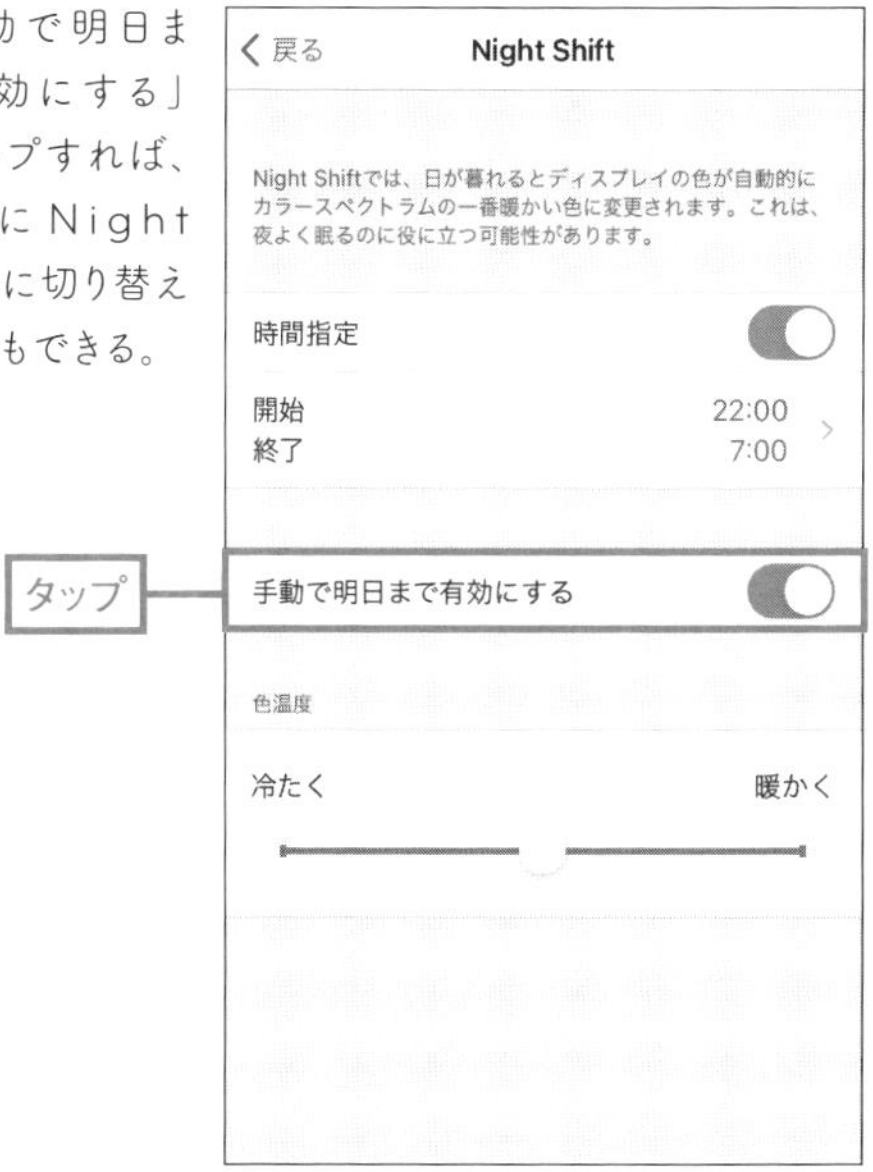

朝勉強しようとしても、起きることができない

対策

○とにかく光を浴びる

事例

何度決意しても、朝起きられない

仕事から帰ってくると疲れて勉強どころではないので、朝早く起きて、出社前に勉強をしようと考えている。「いつもは7時に起きているけれど、1時間早く起きて勉強しよう」と意気込んで寝た。

しかし、次の日は疲れていたのか、ついつい寝すぎてしまった。その次の日も「今日こそは！」と思って眠りについたが、やはり起きられない。

同じことを繰り返して1週間が経ってしまった。資格試験はもう1カ月後に迫っているが……。どうしたら朝スッキリと起きて、勉強できるようになるのだろうか。

原因

まずは睡眠障害を疑ってみる

朝起きられない場合、いくつかの原因が考えられる。ひとつは、「概日リズム睡眠障害」などの**睡眠障害**が挙げられる。概日リズム睡眠障害とは、体内時計が昼夜サイクルと一致しない疾患だ。夜午前3時近くになるまで寝られず、翌朝は昼の12時近くまで寝てしまうなど、なかなか朝起きるのが難しい（反対に夕方から強い眠気が襲い、午後7時過ぎまで起きていることが難しい場合もある）。

「試験勉強ができない」どころではなく、会社などに遅刻してしまうなどの深刻な睡眠障害が見られる場合は、こうした疾患の可能性もある。特に、発達障害の場合、睡眠障害の割合が高いといわれることが多い。一人で抱え込まずに、

専門医に相談するようにしよう。

睡眠障害ではなくても、朝なかなか起きられない人は多いだろう。その場合は「光の取り入れ方」に課題があるかもしれない。前節で説明したように、人の体は「メラトニン」というホルモンが分泌されると眠りを感じるようになっている。朝になって光を浴びると、この「メラトニン」の分泌が抑制されるため、起きられるようになるのだ。しかし朝に光を浴びないと、メラトニンの分泌が抑制されず、なかなか起きられなくなってしまうのだ。

解決法　早起きをしたい場合は、とにかく光を浴びることが大切

早起きのためには、**とにかく光を浴びること**が大切だ。遮光カーテンや雨戸は、光を必要以上にカットしてしまうため、開けて寝るか、朝開けておいてもらうように家族などに頼むのもいいだろう。

また、もうひとつのお勧めが、**朝になると光を発する時計**だ。「YABAEクロックラジオアラーム」は、設定した起床時間に合わせ徐々に明るくなる「日の出モード」が搭載されている。そのため、設定した時間に光を浴びることができ、体に「朝が来た」と実感させやすくなる。こうしたツールを使って、朝の目覚めをよくするのもひとつの手だ。

そもそも必要な睡眠時間は年齢や季節によって異なる

光を十分に浴びてもなかなか起きられない人もいるだろう。その場合、もしかすると必要な睡眠時間が足りていない可能性もある。

目安としては、15歳は約8時間、25歳は約7時間、45歳は約6・5時間、65歳は約6時間といわれている。ただし、この数字はあくまで目安に過ぎず、個人によってばらつきはあるが、これを大幅に下回る睡眠時間であれば「朝起きられない」のは当然のことだといえる。

睡眠時間を削って勉強するのは、一時的には効果があるかもしれないが、眠くてなかなか集中できないようであれば逆に非効率だ。「朝なかなか起きられない」人は、まずは目安の睡眠時間が確保できるように、余暇の使い方を工夫してみたほうがいいだろう。

また年齢だけでなく、季節によっても必要な睡眠時間は変わる。これは、日の出と日の入りの時間の変化が、体内時計に影響を与えるためだといわれている。平均的には、冬は夏よりも30分ほど多い睡眠時間が必要となる。季節も踏まえ、自分に必要な睡眠時間を見直せるとよいだろう。

年代によって変わる睡眠時間

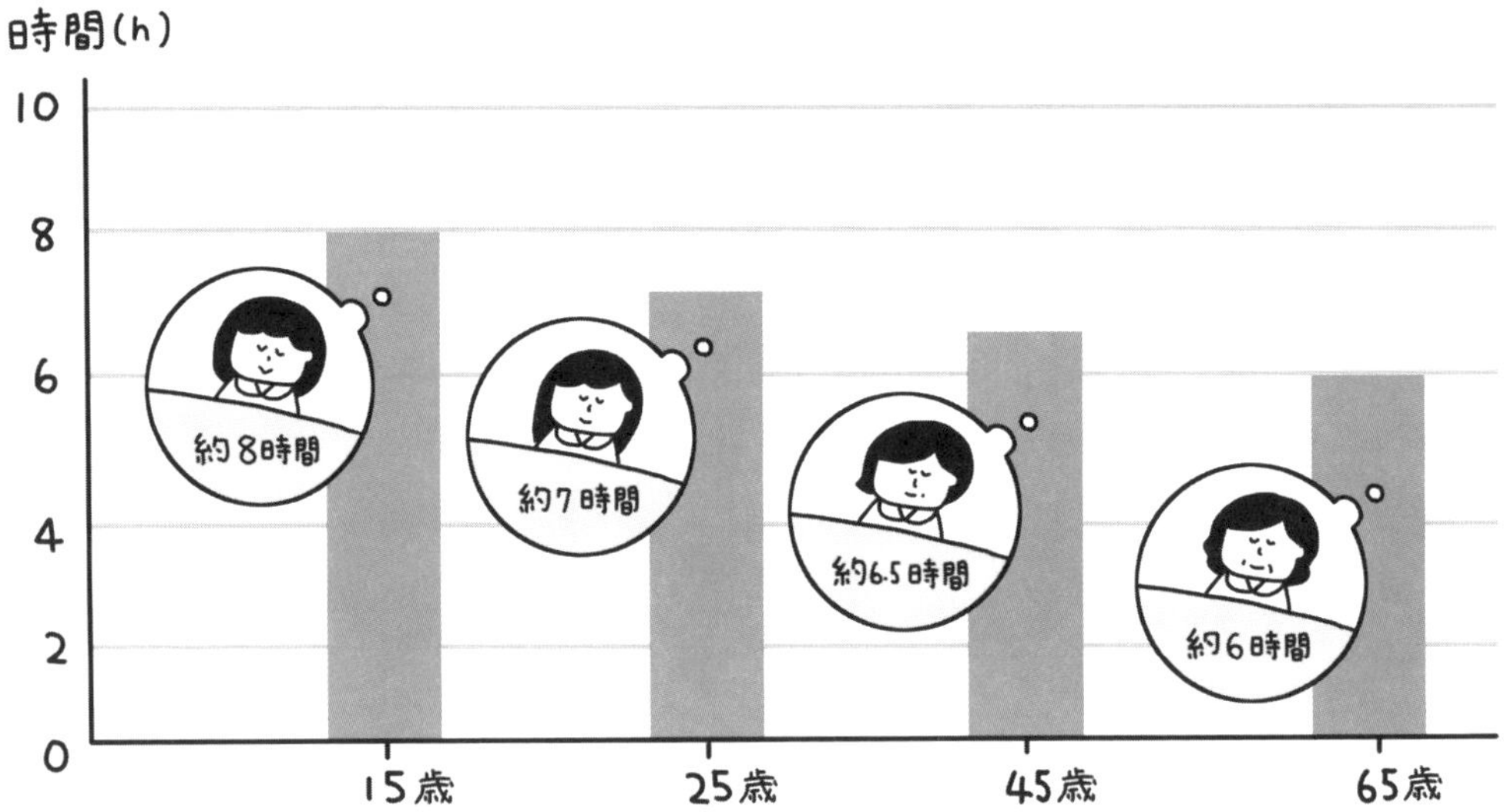

出典：Ohayon, M.M., Carskadon, M.A., Guilleminault, C. and Vitiello, M.V. (2004) Metaanalysis of Quantitative Sleep Parameters from Childhood to Old Age in Healthy Individuals: Developing Normative Sleep Values across the Human Lifespan. Sleep, 27, 1255-1273.

季節ごとに必要な睡眠時間は変わる

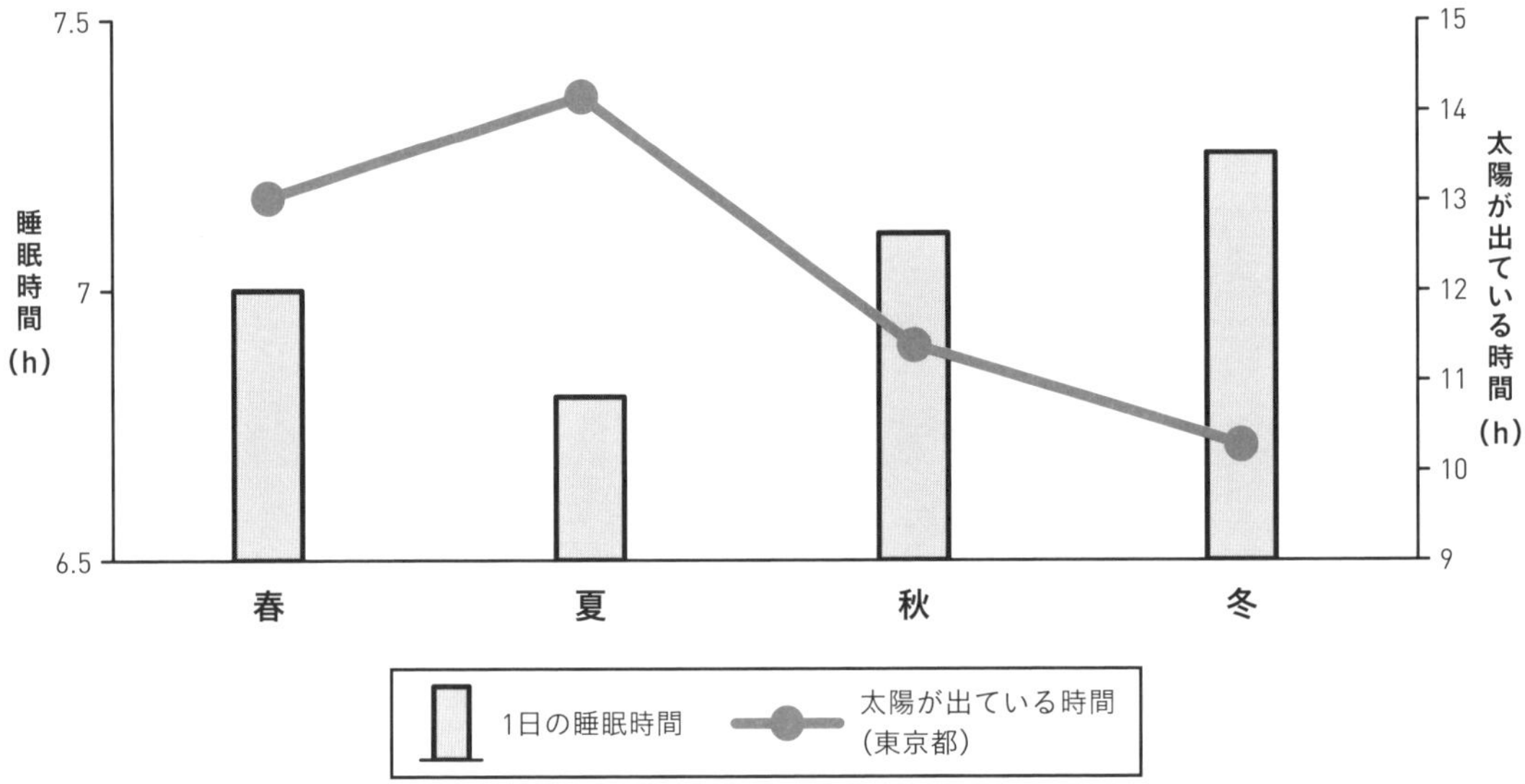

出典：上里一郎監修、白川修一郎編『睡眠とメンタルヘルス』(ゆまに書房)、国立天文台情報センター暦計算室HP (http://eco.mtk.nao.ac.jp/koyomi/) もとに作成

第3章

上手に講義を受けられないのを何とかしたい

理解力・集中力対策

せっかく予備校に通っているのに講義がうまく理解できない、集中力が切れてしまう。こうした課題の背景には、情報処理の傾向や、不注意・多動性などの特性が隠れている。少しの工夫や道具の活用によって、困り感を緩和する方法を見ていこう。

講師が話している内容が理解できない

対策

- 録音し、低速にして聞き直す
- 文字起こしツールで口頭説明を文字情報に変換する
- 雑音をカットするデジタル耳栓を使用する
- 予習で事前知識を身につけ、理解しづらい部分をカバーする

事例

講師の口頭説明が理解しづらい

資格試験の勉強のために、先月から予備校に通い始めた。とても教え方がうまい人気講師がいると聞いて、講義を受けてみようと思ったのだ。

しかし、いざ受講してみると、評判とは裏腹にとてもわかりづらい。講師は、かなり早口な上に、板書もせずに長い時間話し続けるので、途中で何を話しているのかわからなくなってしまうのだ。

同じ講座を受けている人たちは「とてもわかりやすい」と言っているので、自分の理解力に問題があるのかもしれないと落ち込んでしまった。

原因

ASDは、耳から入ってくる情報の処理が苦手

ASDの場合、**耳からの情報（聴覚情報）の処理が苦手**な場合がある。そのため、口頭での長い指示や説明が理解しづらく、覚えづらい人も多い。

学生時代は、板書やプリントなどの視覚的な資料が理解を助けてくれるため、こうした問題が表面化しないことも多い、

そのため、大人になってからはじめて聴覚情報処理の困難さに気づく人もいる。

上司からの口頭指示や説明、会議で話し合われた内容の理解が難しい場合も、この聴覚情報処理の困難さが疑われる。

さらに、ASDの場合、**雑音などが多い環境で、必要な音声を選択的に聞き取ることが難しい人も**

多い。

通常、人間の脳には、必要な音声を選り分けて聞き取る機能があるが、ASDの場合、雑音を遮断する機能が弱いのだ。そのため、周囲の声やエアコンの音などの「雑音」と「講師の声」が同じ大きさに聞こえてしまう。これも講義の理解のしづらさにつながっていると考えられる。

解決法　ツールを使って「聞き取りづらさ」を緩和する

こうした課題がある場合、いくら「頑張って聞き取ろう」と集中しようとしても難しいことが多い。集中力の問題ではなく、特性が原因だからだ。

ここでは特性による「聞き取りづらさ」をサポートし、課題感を緩和するツールについて説明していく。

録音して、低速にして聞き直す

1つ目は、**レコーダーを用いて録音する**方法だ。録音しておけば、うまく理解ができなかったところを、家に帰って聞き直すことができる。

その際、再生速度が調整できるICレコーダーを使うのがお勧めだ。通常よりも低速にして再生すれば、内容が理解しやすくなる。

一例として、ソニーのICレコーダーは、録音したものを0・5〜2倍速の間で調整できるので、理解できないところはゆっくりと、すでに理解できているところは速く聞くことができる。

このとき、0・5倍速程度で再生すると、遅すぎて逆に聞きづらい可能性がある。0・6〜0・8倍速など、自分が聞き取りやすい速度に調整できるよう、小刻みに再生速度を設定できるICレコーダーを選ぶようにしよう。

文字起こしツールで口頭説明を文字情報に変換する

口頭説明が理解しづらい場合、音声情報を文字情報に換えてしまうのもひとつの手だ。その際に有効なのが、**文字起こしツール**だ。

まず、教室の前方など、講師の声が聞きやすい位置に座る。そして、文字起こしツールを起動し、講師の口頭説明をアプリに読み込ませる。すると、リアルタイムで内容が文字に起こされる。書き起

ソニーのICレコーダーは速度を選んで再生できる

こしされた文章を視覚補助にして内容を理解したり、帰宅後に復習に役立てたりできるだろう。

最近ではさまざまな文字起こしアプリやツールが出ているが、ここでは**グーグルドキュメントの文字起こし機能**を紹介したい。多少の音声の取りこぼしや誤変換はあるものの、問題ないくらいの精度で文字起こしができる。

雑音をカットする デジタル耳栓を使用する

最後に紹介するのは、雑音などが多い環境で、必要な音声を選択的に聞き取ることが難しい場合に使用できるツールだ。キングジムから発売されている「**デジタル耳栓**」である。

デジタル耳栓は、エアコンの機械音、電車の騒音など「環境騒音」と呼ばれる特定周波の音をカットしてくれるデジタル機器である。耳栓のように物理的に耳をふさいで音を聞こえなくするのではなく、イヤホンに内蔵された小型マイクロホンが周囲の環境騒音と逆位相の音を出すことで騒音を打ち消す仕組みだ。そのため、特定周波の音が消せるという特徴を持つ。

つまり、講師の声はしっかりと聞こえるが、エアコンの機械音や外を走る電車の音、周囲のざわつきといった雑音はカットしてくれる。もし講師の声と雑音が区別しづらく、講義が理解しづらいという人はぜひ試してみてほしい。とはいえ、人によって体感効果は異なるため、購入する際は、可能であれば店頭で試してみてから購入するようにしよう。

講義内容の予習で事前知識を身につけ、理解しづらい部分をカバーする

これまでは講義中・講義後にできる解決策を紹介した。最後に、事前にできる対策方法をお伝えしよう。それは、**事前知識によって、講義内容での理解しづらい範囲を減らす**やり方だ。

ＡＳＤの人の中には、「耳からの情報（聴覚情報）の処理が苦手」な場合があることは前述の通りだが、発達障害の有無にかかわらず、「事前知識の少ない分野の講義が頭に入ってきづらい」と感じる人もいるのではないだろうか。聞いたことがない単語が多く出てくることも、混乱を招き、講義内容への理解を妨げることもあるだろう。

このような原因が考えられる場合は、「予習」が効果的だ。次回の講義範囲がわかっている場合は参考書の該当箇所を軽く読み、わからない単語の意味を簡単にメモしておくだけでも、講義への理解度は変わる。

予習をして準備万端の状態で授業に臨むようにしよう。

グーグルドキュメントの「音声入力機能」の使い方

1 グーグルドキュメントで「新しいドキュメントを作成」を選択する。

2 「ツール」タブから「音声入力」を選択する。

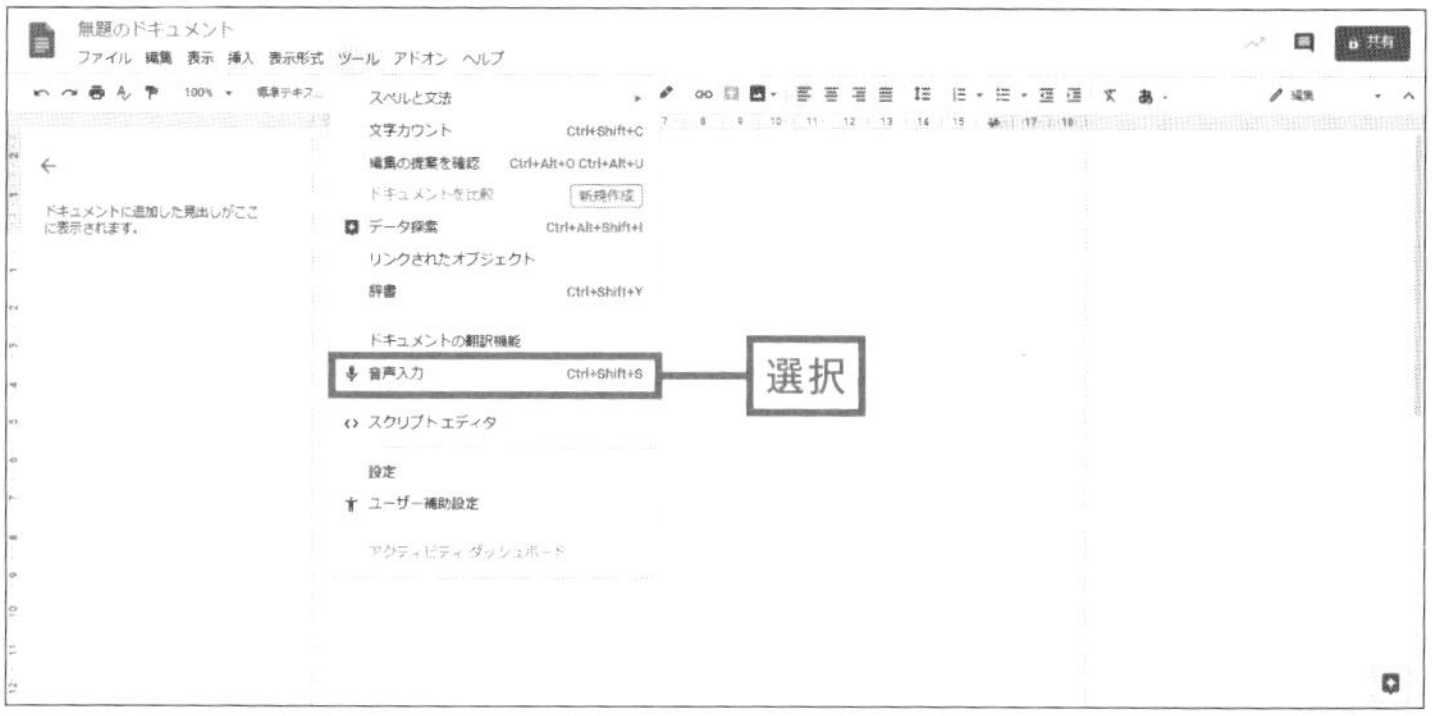

3 マイクボタンをクリックして、文字起こしをスタートする。

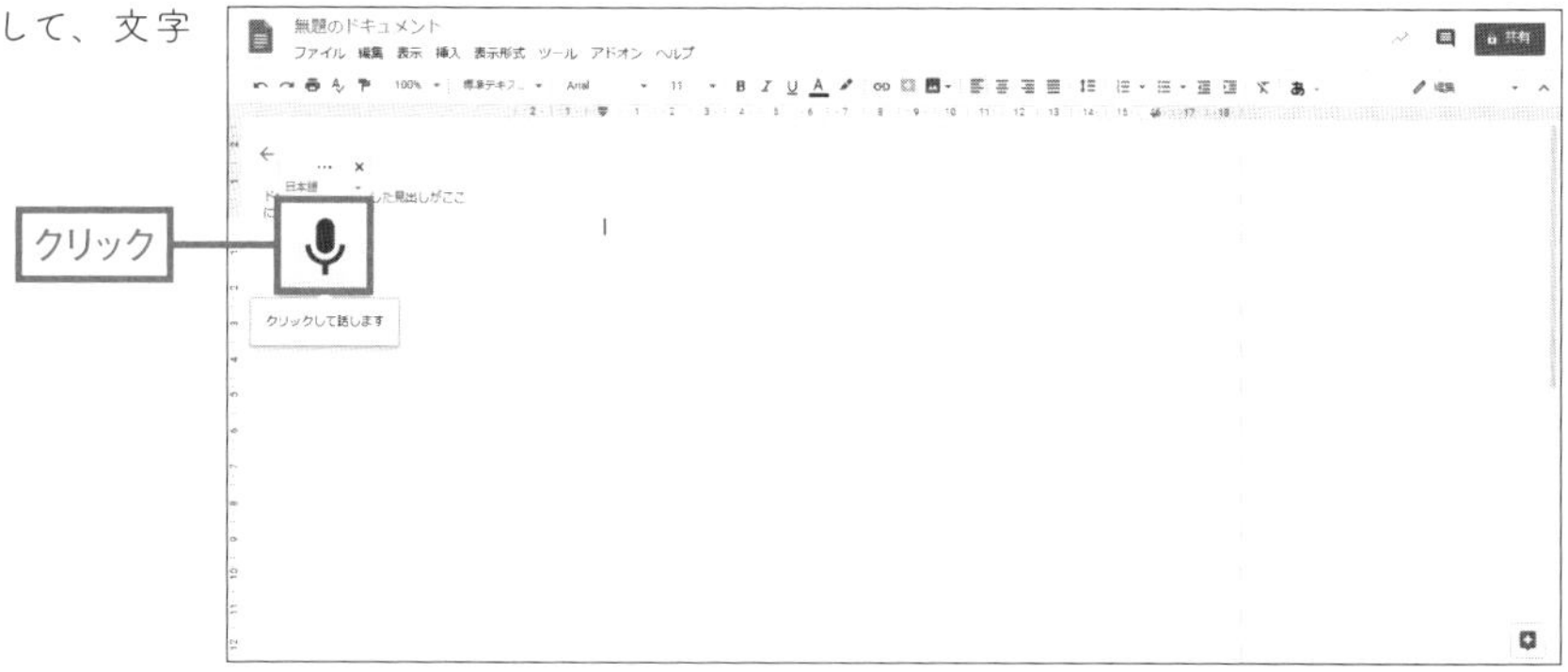

長時間座っていることができない

対策

- 体に「圧」をかけてみる
- 体に揺れを与える

事例

講義中にソワソワしてしまい、集中できない

資格試験のために予備校に通い始めた。講師の説明はわかりやすく、授業料を払ってでも通う効果を早速実感している。

しかし、ひとつ問題がある。それは、授業時間の長さだ。1コマ50分の講義なのだが、開始から20分程度経つと、体がソワソワしてどうしても動きたくなってしまうのだ。

先日、我慢できずに貧乏ゆすりをしていたら、隣の席の人に「気になって集中できないからやめてほしい」と注意されてしまった。

何とかして50分間落ち着いて講義を受け続けられないものだろうか。

原因

ADHD特有の「多動性」が原因

ADHDの特徴のひとつに「**多動性**」（じっと座っているのが苦手で、落ち着きがない）がある。長時間にわたってじっと座って話を聞き続けなくてはならない講義は、多動傾向が強いADHDの人にとって苦手なもののひとつといっていいだろう。

子どもの頃は多動性が原因で授業中にじっとしていられず、走り回ってしまうケースも見受けられるが、年齢を重ねて大人になると多動性は徐々に落ち着いていくともいわれている。

とはいえ、大人になっても、長時間座っていると席を立ちたくなったり、体を小刻みに揺らしてしまったりする人は多い。

解決法　固有受容覚と前庭覚の刺激がポイント

多動症状の原因についてはおそらく複数の要素の複合が想定されており現時点では定まった見解はないが、多動性には、大きく2つの感覚が影響しているといわれている。それは、「**固有受容覚**」と「**前庭覚**《ぜんていかく》」だ。固有受容覚は、筋肉や関節を通して体にかかっている圧力を感じる感覚である。一方、前庭覚は体の傾きや揺れ、回転などを感じる感覚のことだ。

多動傾向を持つ人は、この2つの感覚が鈍感であると考えられている。つまり、体にかかっている圧力や、体の揺れや傾き、回転を感じる機能が通常より弱いため、その刺激を積極的に取り入れようと、脳が「体を動かせ」という指令を頻繁に出してしまうのだ。

そのため、多動性を抑えるためには、この2つの感覚を満たし、「体を動かせ」という指令を脳から出させないことが重要なのだ。

固有受容覚が鈍感な人は、体に「圧」をかけてみよう

固有受容覚が鈍感な人は、布団などの重いものが体に乗っていたり、ピタッとした服を着たりすると落ち着く人が多い。当てはまる場合は、**体に適度に圧を与える**ことが多動性を抑えるための有効な解決法となる。最近ではADHDのサポート器具として、体に圧を与えるサポート器具が販売されているので、試してみるといいだろう。

たとえば、発達障害の方向けの製品を発売している「たーとるうぃず」では、「かけてずっしり、すぐに落ち着く。重いひざかけ」を発売している。重さは2キロ程度と、通常のひざかけよりずっしりと重みがある。これを膝にかけることで、下半身に圧を感じられ落ち着ける人が多いという。ひざかけならば、予備校で使用していても不自然ではなく、使いやすいのもポイントだ。他のメーカーでもさまざまな色や形のひざかけが発売されているので、ぜひお気に入りを見つけてみてほしい。

また、体に圧をかけるもうひとつのサポート器具として「着圧ベスト」がある。たとえば、福祉用具などを販売する「パシフィックサプライ」から販売されている着圧ベストは、着用後に自分で空気

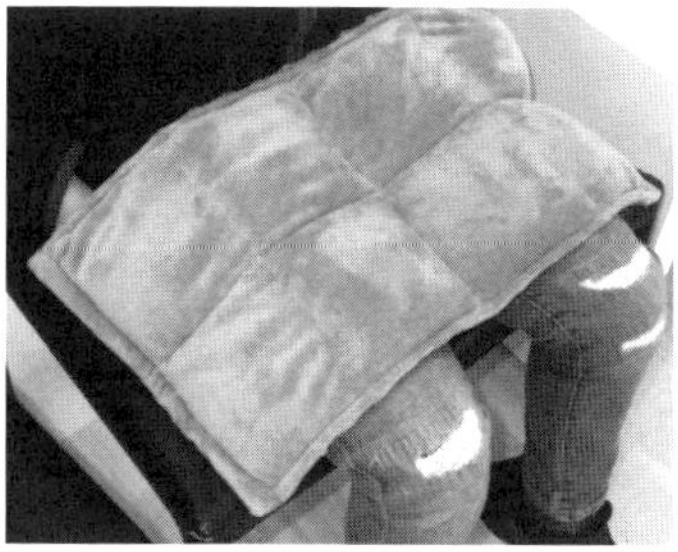

たーとるうぃずの重いひざかけ
出典：たーとるうぃずHP
http://turtlewiz.jp/archives/14404

落ち着いて講義を受けるための工夫

固有受容覚が鈍感な場合

体に圧力を与える

①重いひざかけ

②着圧ベスト

前庭覚が鈍感な場合

体に揺れを与える

①講義中にトイレなどでこまめに席を立つ

②講義前に十分体を動かしておく

③可能であればバランスボールなどを椅子の代わりにする

を充塡。空気圧によって、体への圧迫の強さを自分で調整できる。上半身に圧がかかっているほうが落ち着くという人はぜひ試してほしい。

前庭覚が鈍感な人は、適度に体を動かしてみよう

前庭覚が鈍感な人は、ジェットコースターや高いところから飛び降りるといった、体が大きく動く遊びが好きなことが多い。この場合は**「体に揺れを与える」**ことが多動性を抑える解決法となる。

集中できずに講義を聴き続けるよりは、トイレなどでこまめに席を立って体を動かしてあげたほうがよいだろう。

さらに、講義前に体を動かしておき、前庭覚の感覚を事前に満たしておくことも有効な手だてとなる。講義前に廊下を往復したり、予備校がビルにある場合はあえて階段で教室まで上がってみたりと、無理のない範囲で事前に身体を動かすようにしておこう。

また、予備校の理解と協力が必要ではあるが、バランスボールなどを椅子の代わりに使うのもお勧めだ。ソワソワしてきたら、身体を少し上下にその場で動かしつつ、学習を続けられる。最近では椅子の形をしているが弾力性があって、座ると上下に身体を揺らすことのできる「バランスボールチェア」と呼ばれる器具も販売されている。通常のバランスボールは球状のため転がっていってしまうが、バランスボールチェアであればその心配はない。見た目も椅子状になっているので、他の受講生から過度に注目を集めてしまうこともないだろう。もし講義前に身体を動かしておいても課題が改善しない場合は、予備校に相談した上でこのような器具を利用するのもひとつの手だ。

Column

ADHDに効く薬ってあるの？

ADHDは脳内の伝達物質の不足などによって引き起こされるといわれている。そのため、こうした神経物質を調整するために薬が処方されることもある。

現在、ADHDの人に対して処方されているのは「コンサータ」「ストラテラ」「インチュニブ」という３種類の薬だ。薬局などでは手に入らず、医師の診察を受け処方箋をもらう必要がある。

薬によって神経物質が調整されることで、注意力の散漫が防止されたり、衝動性を和らげ比較的落ち着いて行動できるようになったりするなどのメリットがある。実際に服用を始めたことで仕事上のミスが少なくなったり、資格試験の勉強に落ち着いて取り組めるようになったりする人は多い。

しかし、一方で食欲が減退したり、吐き気や腹痛を感じたり、夜に眠りづらくなったりといった副作用を訴える人もいる。薬を服用したほうがよいのか、また服用するとしたらどの薬がよいのかは人によって異なる。医師と丁寧に相談しながら服用するようにしよう。

講義を聴きながら、黒板の内容をノートに取ることができない

対策
○「読む」「聞く」を同時に行わない

事例
2つの作業を同時にできない

今通っている資格試験の予備校の講師は、説明をしながら黒板にポイントを書いてくれる。

そこで、口頭説明を聞きながら、ポイントをノートに書き取ろうとするのだが、これがどうもうまくいかない。説明を聞いて理解しようとすると、ノートを書く手がどうしても止まってしまうのだ。逆に黒板をノートに写すことに集中しようとすると、今度は講師の説明が頭に入らなくなってしまう。

実は学生時代から同じような悩み事を抱えていた。周囲の友人は説明を聞きながらノートを取れるのに、なぜ自分は両方同時にできないのだろうか。

原因
マルチタスクの苦手さ

ADHDやASDの場合、**マルチタスク**(複数の仕事を同時に行うこと)が苦手な人が多い。これは、ワーキングメモリという「一時的に情報を脳に保持し、処理する能力」が弱いからだと考えられている。

講師の説明を聞きながらノートを取るのは、簡単そうに見える。しかし、実は「講師に注目する」「黒板の内容を読む」「説明を理解する」「ノートに書き取る」といった、いくつもの作業を同時並行で行っているのだ。これは、ADHDやASDの人にとっては、とても負担の大きい作業となる。

また、「**読字障害**」や「**書字障害**」といったLDが関係しているケースも考えられる。

読字障害の場合は、文字が1文

字ずつ拾い読みになってしまい、単語や文章のかたまりとして理解しづらかったり、黙読が苦手だったりする。書字障害の場合は、画数の多い漢字が書きづらかったり、鏡文字になってしまったり、「へん」と「つくり」がちぐはぐだったりする。

解決法　「読む」「聞く」「書く」を同時に行わない。「書く」をできるだけ避ける

マルチタスクが苦手な人にとって、2つ以上の同時動作は難易度が高い。そのため、**「読む」と「聞く」を同時に行わないことを心がける**のが一番の解決法だ。また、書字障害がある人にとって「書く」はハードルが高いケースもある。極力「書く」を避けるのも重要な手だてとなるだろう。

「読む」に集中する

まず、黒板を「読む」に集中する場合を考えてみよう。この場合は、講師の説明を同時に聞くのは諦めたほうがよい。とはいえ、せっかくの説明が聴けないのでは、予備校に通っている意味がないと思う人もいるだろう。

そこで活用したいのが**ボイスレコーダー**だ。スマートフォンよりよい音質で録音するならば、専用のボイスレコーダーもお勧めだが、最近ではスマートフォンに内蔵されていることも多いので、それを使用してもいいだろう。また、65ページで説明した文字起こしツールを使って、講義内容をリアルタイムで文字起こししておけば、後から見返すことも容易になる。録音か文字起こしか、自分に合った方法を選んでみてほしい。

「聞く」に集中する

一方、講師の説明を「聞く」ことに集中する場合は、同時にノートを取るのは諦めたほうがいいだろう。しかし、これも「せっかく予備校に通っているのに、諦めるのはもったいない」と思う人もいるだろう。その場合は、黒板に記載されたテキストや図は、**写真に撮って見返す**とよいだろう。

録音も撮影も、後から問題にならないよう、事前に予備校に事情を説明して許可をもらっておくことを忘れないようにしよう。

2つの作業を同時にしないための工夫

❶「読む」に集中する場合は、録音する or リアルタイムで文字起こしをする

❷「聞く」に集中する場合は、黒板の写真を撮る

恥ずかしがらないこと

　黒板に記載されたテキストや図を写真に撮る行為は、もしかしたら恥ずかしいことのように思えるかもしれない。しかし、「恥ずかしがらない」という精神は、発達障害の当事者が心身ともに健康的に生きていく上で非常に重要である。ちょっとした配慮を周りにお願いするだけで、だいぶ生きやすくなるからだ。

　発達障害の当事者は過去の人間関係の失敗から、必要以上に人の目を気にしてしまう人も多い。だが、予備校で受けた授業をきちんと理解できず、試験に落ちてしまうことのほうが、長い目で考えるともったいないことである。恥ずかしがることなく勇気を出して、予備校に黒板の写真を撮ってもよいか聞いてみてほしい。

Column

「働きたい」をサポートする「就労移行支援事業所」とは？

就労移行支援とは、病気や障害によって、就職や仕事での独立に不安を抱えている人をサポートする福祉サービスだ。「原則18歳から65歳未満であること」「一般企業への就職または仕事での独立を希望していること」「精神障害・発達障害・身体障害・知的障害・難病を抱えていること」という3つの条件を満たした上で、自治体によって「必要性がある」と判断されると利用できる。

獲得できるスキル内容は、体調管理の方法、職場でのコミュニケーションの基礎スキル、就職に必要な専門スキルなど多岐にわたる。これらを習得する上でのサポートは、国の基準を満たした「就労移行支援事業所」によって行われているが、サービス内容は事業所によってさまざまだ。就職率やカリキュラム内容などを確認した上で、信頼性があり、かつ自分に合った事業所を選ぶとよいだろう。

就職を目指す場合、「就活スクール」「ビジネススクール」といった選択肢もあるのではないかと考える人もいるだろう。しかし、こうした機関では発達障害の特性を踏まえたサポートが難しい場合も多い。その点、就労移行支援は病気や障害のある人に向けたサービスなので、特性への理解が深く、一人ひとりに合わせたサポートが期待できる。利用料も条件を満たせば0円から、最大でも月額3万7,200円で受けることができるので、ぜひお住まいの自治体に相談して、活用してみてほしい。

また、最近では就労移行支援所で学べる専門スキルの幅も広がっている。プログラミング技術の習得に特化した事業所やAIなどを学べる特色ある事業所も生まれている。自分がどのようなキャリアを歩みたいのかを考えた上で、こうした事業所を選ぶのもよいだろう。

ちなみに、筆者の会社が運営する就労移行支援事業所「キズキビジネスカレッジ」では、プログラミングなどのITスキルだけでなく、マーケティング、SEOライティング、会計ファイナンスといった高度で多様なビジネススキルを学ぶことができる。発達障害の当事者は、向いている仕事・向いていない仕事がはっきりと分かれるため、まずはさまざまな職業を体験して、自分に向いている職業を知ることが重要だからだ。

またプログラミングなどのビジネススキルだけでなく、長く働き続けるための「自己理解」に関するサポートも重視してほしい。発達障害の当事者は、勤務体系・職場の雰囲気など、「自分がどのような職場だったら長く働き続けられるか」も職種と同様に検討する必要があるためだ。

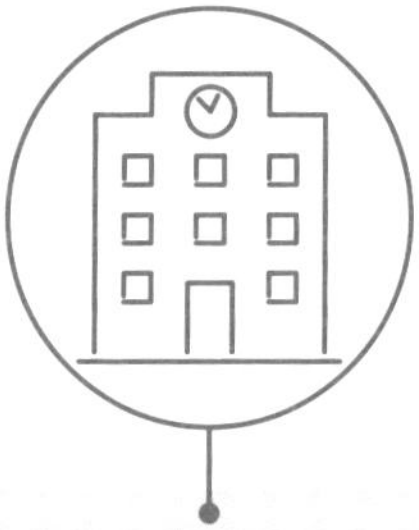

講師に質問できない

対策

- その予備校が質問しやすい環境かどうかあらかじめ調べておく
- 原稿を作って安心感を持っておく
- 事前に質問の「練習」をしておく

事例

わからない箇所があっても、質問するのが怖い

通っている予備校の講義は難易度が高く、ついていくのに精一杯だ。授業が終わった後には、理解できなかった箇所や解けなかった練習問題が山積みになってしまう。

せっかく予備校に通っているのだから、わからなかった箇所は講師に質問したいのだが、これがなかなかできない。

「今、質問をしたら迷惑じゃないだろうか」「質問を上手に伝えられるだろうか」と心配事が尽きず、なかなか質問ができないのだ。

原因

これまでのコミュニケーションの失敗がトラウマに

ASDの人は、スケジュールやルール通りに動くことは得意だが、**臨機応変な行動は苦手**であることが多い。そのため、「この先生は次の授業がないはずだから、講義が終わった後に質問しよう」「授業後はたくさんの生徒が質問をするから、講義前に聞いておこう」などと、状況を判断して適切なタイミングで質問することが難しい。

講師の忙しさや状況を考えずに質問をした結果、「今は忙しいからまた今度にしてほしい」と断られてしまうこともあるだろう。

さらに、ASDの特徴のひとつに**「コミュニケーションの困難さ」**があるといわれている。相手の気持ちを読み取るのが苦手であったり、本音と建前の区別がつきづらかったりするのだ。そのため、空気が読めない発言や行動をしてしまい、ひんしゅくを買ったり、職場や学校で孤立してしまったりすることもある。

これまでに積み重ねたコミュニケーションにおける失敗経験がトラウマとなり、質問することに過剰な不安を抱いてしまっている人も多いのではないだろうか。

解決法　質問のための事前準備を万全にしよう

質問することに不安がある場合、「また今度にしよう」と先延ばしにしてしまうこともあるだろう。これを防ぐためには、事前に準備をして安心感を持っておくことが大切だ。ここでは安心して質問をするためのポイントをお伝えする。

質問しやすい環境かあらかじめ調べておく

まず大切なのは、**そもそも予備校を選ぶ段階で「質問がしやすい環境かどうか」をしっかりとチェックしておくこと**だ。

たとえば、個別授業であれば、集団授業よりも質問がしやすくなることは間違いない。どうしても質問することに苦手意識があるようであれば、最初は個別授業を行っている予備校を選ぶとよいだろう。

また、予備校によってはチューター制度を用意しているところもある。質問に専門的に答えてくれるスタッフがいれば、忙しそうな講師に声をかけずに済む。

受けたい資格試験で個別指導を行っている予備校がないようであれば、家庭教師をお願いするのもひとつの手だ。たとえば、「家庭教師のトライ」などの事業を行う「株式会社トライグループ」では、「大人の家庭教師」という事業を実施している。「公務員試験対策」「看護学校受験対策」「宅地建物取引士対策」「簿記試験対策」などさまざまなコースがあるので、もし自分が取得を目指している資格試験のコースがあるようであれば、こうしたサービスを活用してみるのもよいだろう。

なお、筆者もキズキ共育塾という個別指導塾を運営している。オンライン校もあるので、自宅から

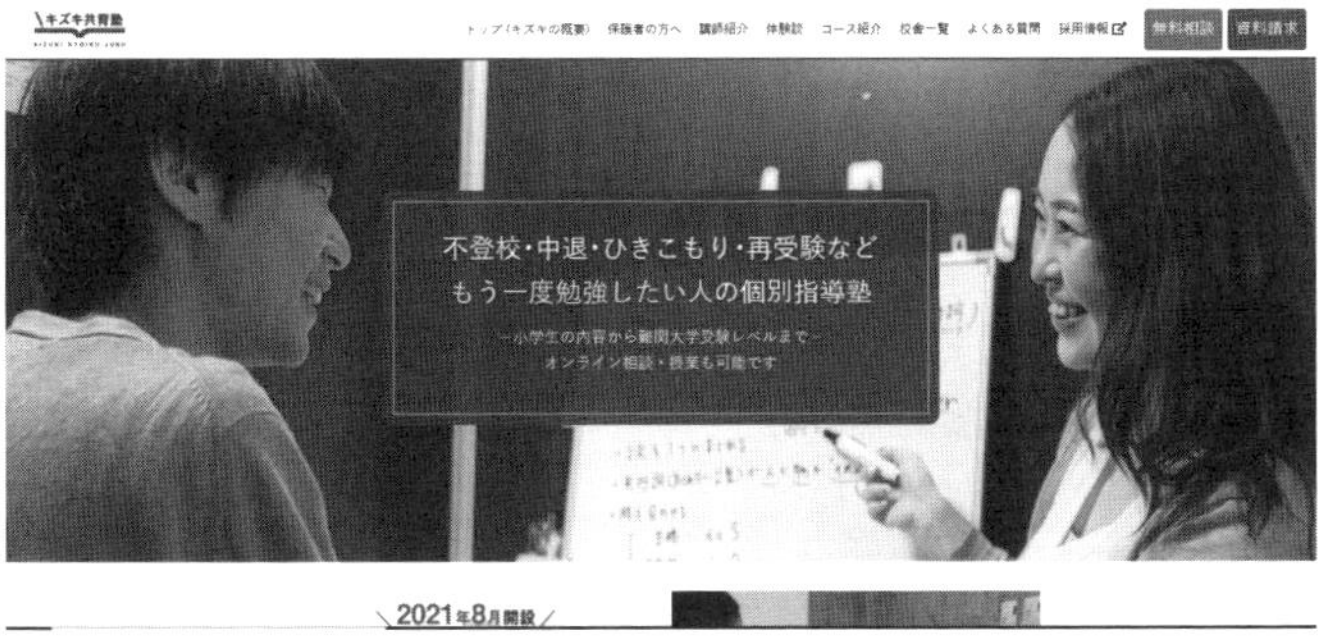

キズキ共育塾では一人ひとりの悩みに寄り添った個別指導を行っている

の受講も可能だ。興味がある方は、ホームページから問い合わせてほしい。

原稿を作って安心感を持っておく

臨機応変に質問をしづらいのならば、**あらかじめ質問する際のパターンを作っておく**とよいだろう。

たとえば、講師に「いつ、どのように質問するのがよいか」を確認しておくのだ。講義前、講義後、講義中のいつのタイミングが適切かがわかっていれば安心して質問ができるはずだ。

また、口頭で質問するのではなく、紙に質問を書いて渡し、後日答えてもらったり、メールアドレスを聞いてやりとりしたりするほうが、講師にとって負担が少ない場合もある。あらかじめ講師にとって都合のよい方法を聞いておくとよいだろう。

また、「質問を上手に伝えられるだろうか」「しっかり伝わるだろうか」といった不安が強い場合は、あらかじめ質問内容を紙に書いて簡単な原稿を作っておこう。そのまま渡すわけでなければ、日本語が少しおかしくても大丈夫だ。箇条書き程度でも、質問を書き出しておくことで、安心して質問ができるようになるはずだ。

次ページに簡単な質問原稿の例を載せておくのでぜひ参考にしてほしい。

事前に質問の「練習」をしておく

質問に対して特に強い不安感がある人にお勧めしたいのが、**あらかじめ友達や家族に頼んで「質問の練習」をさせてもらうこと**だ。質問の練習をするなんて……と思う人もいるかもしれない。

しかし、実際に原稿を書いて頭で想像しておくのと、口に出して疑問を伝えるのとはまったくの別物だ。頭では理解していても、当日は焦ってしまってうまく聞けず、それがトラウマとなってより質問が苦手になってしまう可能性もある。だからこそ、友達や家族を相手に一度質問の練習をしてみるといいだろう。

もし練習相手がいなければ、自分で1回口頭でうまく疑問点を伝えられるかを独り言でもいいので試してみるとよい。練習をして「うまく質問できるはずだ」という自信が持てれば、恐怖心は徐々に消えていくはずだ。

ここまで3つのポイントを説明したが、いずれにせよ、質問は臨機応変に行おうとしないことが大切だ。「聞きやすい環境かどうかチェックしておく」「準備をして安心感を作っておく」など、事前に質問しやすい環境を自ら作れるようにしておこう。

質問原稿の例

（最初に伝えること）

授業のお礼を伝える：今日の授業はありがとうございました。

（最初に確認すること）

今時間があるかを聞く：今、質問してもいいですか？

→「いいですよ」と言われた場合：
「何分くらいお時間ありますか？」と聞き、その時間内で質問が終わるようにする。

→「今はちょっと難しいです」と言われた場合：
「いつならいいですか？」もしくは「ではメールで質問させてもらってもいいですか？」と聞く。

（質問文のフォーマット）

Q：〇点、質問があります。まず1つ目です。授業の説明で、〜〜までは理解しました。ですが、〜〜が理解できませんでした。この点について教えていただけないでしょうか？

（質問したいこと）

・決算整理前残高試算表の売掛金はどう求めたらよいですか？
・固定資産の未収入金は、売上になりますか？

（質問した後に伝えること）

お礼を伝える：ありがとうございました。
次回、質問しやすくするために都合のよい時間を聞いておく：次回以降質問するときは、授業前と授業後どちらのほうがよいでしょうか。もしくは、直接ではなくメールなどでお伺いしたほうがよければ、メールアドレスを教えてください。

質問をしやすい環境を整えるための3つのポイント

① 質問がしやすい予備校に通う

- 個別授業がある予備校を選ぶ
- チューター制度がある予備校を選ぶ
- もし上記のような予備校が見つからなければ、家庭教師を活用してもよい

② 質問のための原稿を用意する

- 聞くことを事前に整理して、原稿にしておく
- 次回以降質問しやすくするために都合のよい時間や方法を聞いておく

③ 質問の練習をする

- 友達や家族に対して疑問点がしっかり説明できるか練習をする
- もし練習相手がいなければ、独り言でもよいので一度口に出してみる

Column

「自分は発達障害かも？」と思ったらどうする？

仕事を行う上で、周囲の人とのコミュニケーションがうまく取れなかったり、どんなに工夫してもミスを連発してしまったりすると、徐々に自信を失っていく。それが長期にわたって深刻な課題である場合、「自分はもしかするとADHD、ASDなのではないか」と考え始める人もいるだろう。

最近では「発達障害」に関する情報をテレビや新聞で目にする機会も増えた。また、インターネットで検索すると、専門機関が発信している情報サイトから当事者のブログまで、数多くの情報がヒットする。以前よりも情報が手に入りやすくなったことで、「自分もそうかもしれない」と気づきやすい環境になっているといえるだろう。

しかし、「自分は発達障害かも？」と感じた際に、「ではどこで診断を受ければいいのか」「そもそも診断は受けたほうがいいのか」「障害者手帳はどのように取得できるのか」といった個別の悩みにメディアが逐一答えてくれるわけではない。情報があふれているがゆえに、うまく知りたい情報にたどり着けず、逆に不安にさいなまれている人も多いのではないだろうか。

そんなときにまずお勧めしているのが「発達障害者支援センター」に連絡を取ることだ。発達障害者支援センターとは、発達障害児（者）への支援を目的として設立された専門的機関であり、都道府県や政令指定都市ごとに設置されている。

発達障害を抱える人の相談に乗り、適切な情報を手渡してくれるだけではなく、悩みの内容によっては医療機関や就労支援機関などの専門機関へとつないでくれる。情報があふれ、取捨選択が難しい状況の中で、適切な情報を選んで伝える役割を果たす発達障害者支援センターは、まさに「支援の入り口」となるような機関だ。障害者手帳などがなくても利用できるので、「発達障害かも？」と思ったら、まずは相談してみるといいだろう。

何よりも大切なのは、「自分で何とかしよう」と思いすぎないことだ。それが孤立感を深め、より自信を失わせることにもつながる。適切な機関の力をうまく借りて上手に対処していこう。

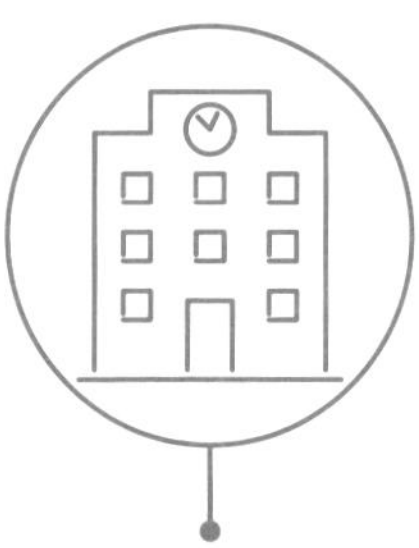

オンライン授業（講義）に集中して取り組むことができない

対策

- スタンディングデスクでじっとしなければいけないストレスを軽減
- パーティションを活用して周囲からの刺激を軽減

事例　パソコンの前に長時間座ることができない

オンライン授業を受けていると、次第に腰や肩が痛くなることがある。授業の前半は真剣に聴きながらメモを取っていても、後半は体がもぞもぞしてじっとすることができなくなり、集中力が続かない。

また、パソコンを使用して勉強していると、視界に入るさまざまなものが気になって集中できないときがある。たとえば、机の近くにある本棚を見ると、「○○の本面白かったな。また読もうかな」「最近本棚の整頓していないな」と別のことを考えてしまい、授業の内容が入ってこなくなってしまう。

目の前の授業に意識を向けて長時間集中するためには、どうすればいいのだろう。

原因　多動性や不注意が集中力を乱す

長時間同じ姿勢をしていると体が凝り固まってしまい、集中が途切れる人もいるだろう。しかし、ADHDの人の場合、短時間でもじっとすることが苦手な人は多い。

ADHDの特性のひとつである「**多動性**」という特性を持つ人は、体を動かさずにじっとしていることで、気力や体力を消耗することがある。一度、じっとすることに違和感を抱くと、その後は目の前のことに集中しづらくなるのだ。

また、「**不注意特性**」を持つ人は、目の前にある1つのことをやり遂げる前に、別のことに手を出してしまうことが多い。不注意特性が強い人は、目の前のことに集中しようと思っていても、気がついたときには他のことに意識が向いている。

集中できる時間は人によって異なるが、長時間集中力を保つことを苦手としている人は多い。

解決法　体が違和感を抱きづらく、刺激を受けづらい環境作りを考える

じっとすることが苦手な人にまずお勧めなのが、「**スタンディングデスク**」で姿勢を変えながら授業を受けることだ。

昇降式のスタンディングデスクは脚の長さを調節するだけで、座りながらでも立ちながらでも作業ができる。簡単に姿勢を変えることができるため、大幅に集中力が途切れることなく、授業を受け続けられるのだ。

卓上で使用できる、持ち運び可能なコンパクトサイズもあるため、用途に合わせて購入できる。

パーティションを活用して周囲からの刺激を軽減

不注意特性が強い人は、目に映る多くのことから刺激をもらいやすいため、次々に意識が移っていく。そのため、まずは視覚による刺激を受けづらい環境を作ることが欠かせない。

周りにあるものや人の動きによって気が散ることが多い人は、周囲との環境を遮断できる**卓上パーティション**や**デスク学習マット**がお勧めだ。机の上にはなるべくものを置かず、必要最低限のものだけ目に入るようにしよう。

また、オンライン授業を受けている際は、**集中モードにしてアプリの通知がデスクトップに表示されないように設定**し、目の前の授業にだけ集中しよう。

周囲からの刺激を軽減する工夫

デスク学習マット

折り畳み式のデスクパーティションで、スケジュール管理や道具の整理としても利用できる

卓上パーティション

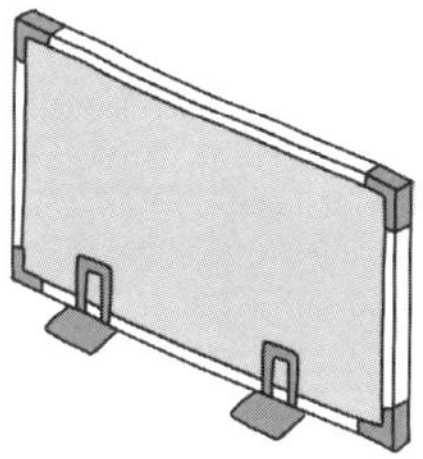

机の上に据え置くことができるパーティション

集中モードの設定法

1 スタートメニューの「歯車」アイコンをクリックする。

2「システム」をクリックする。

3「集中モード」をクリックする。

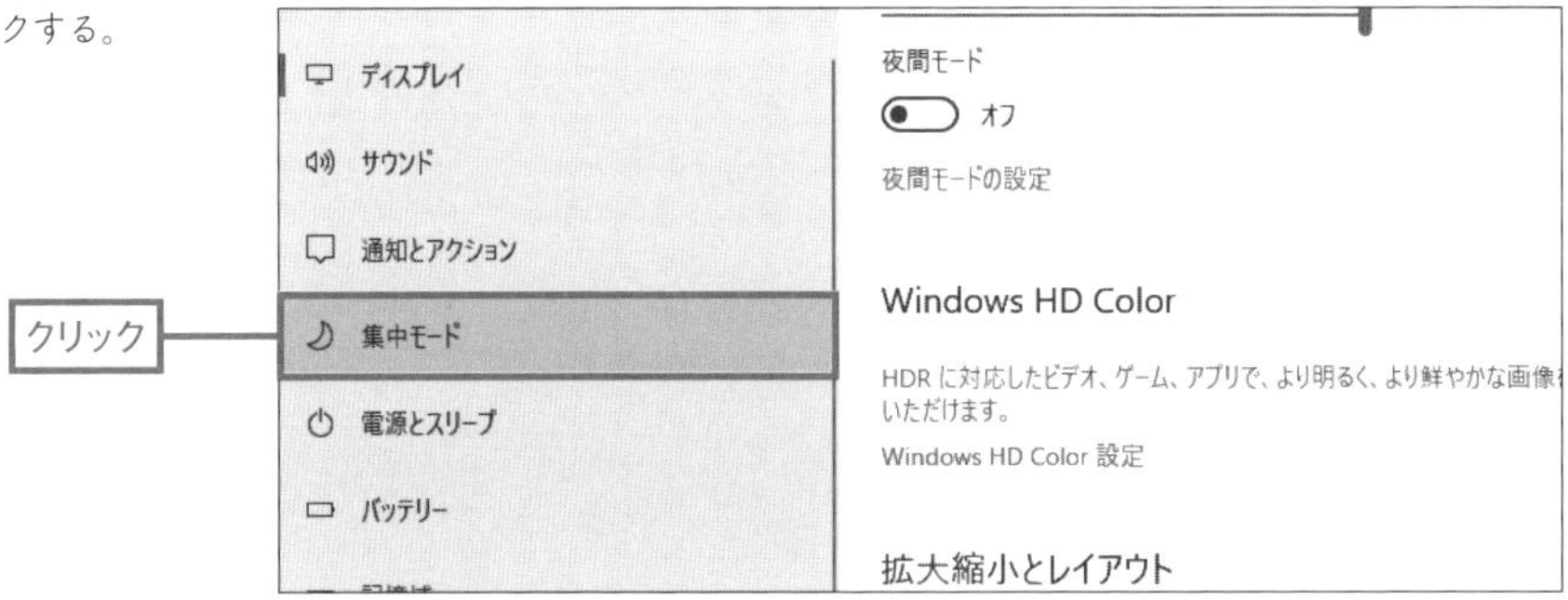

4「オフ」を選択し、通知を非表示にする。

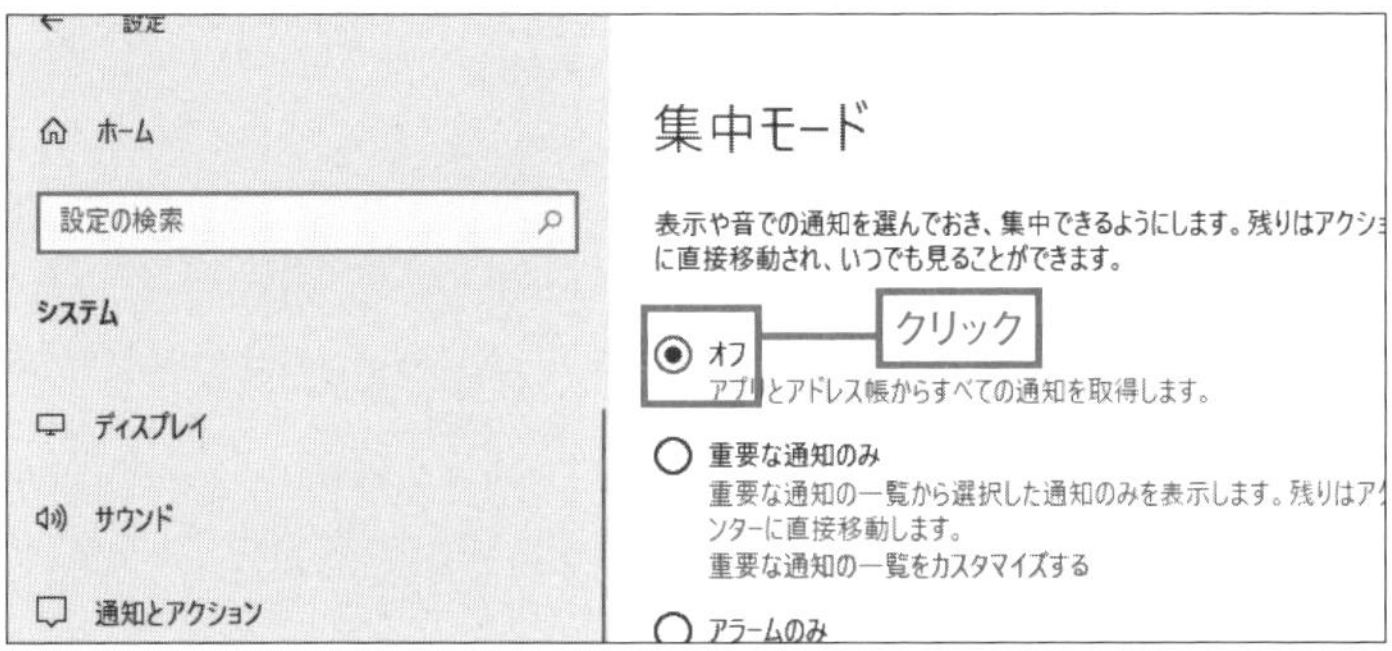

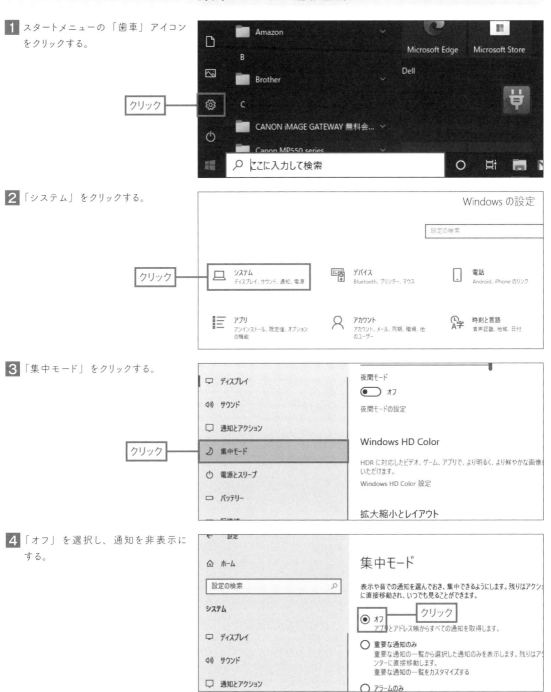

第4章

自習ができないのを何とかしたい

継続力・環境作り対策

効率的に自習を進めるにはどうしたらよいだろうか。目に入るものや音が気になって集中できない方が集中力を高める工夫、参考書の買い方・問題集の進め方まで、発達特性が原因となるつまずきポイントをここではいくつかお伝えする。

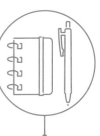

学んだことをうまくノートに整理できない

対策

- 1箇所にまとめる&検索性を高める
- メモをなくさないためにルーズリーフを活用する
- 検索性が高いツールを活用する

事例

まとめたはずのポイントはどこに？

資格試験の試験日が来月に迫っている。復習して試験に備えようと、これまで書いてきたノートやメモを見直すことにした。

しかし、ノートがうまく整理されておらず、どこに何が書かれているかがわからないのだ。また、フセンに書いたはずのメモもなくなってしまい、学習内容が思い出せない。

「あれ、確かこの単元のポイントをどこかにまとめたはずだけど、どこだっけ」

右往左往しているうちに1時間以上経ってしまった。

学んだことをうまく整理しておければ、もっと簡単に見直せるはずなのに……。

原因

「どこに書いたっけ？」はADHDの不注意特性が原因

「メモをなくしてしまった」「ノートのどこに書いたのかがわからなくなってしまった」ことで、あちこち探し回ったことがある人は多かれ少なかれいるだろう。しかし、ADHDの人の場合、その頻度が極端に多い。

これはADHDの特性のひとつである「**不注意特性**」が原因だと考えられる。

メモやノートを書いている途中で他の事柄に注意が移ってしまい、どこにメモを置いたかがわからなくなったり、どこにまとめたかがわからなくなってしまったりするのだ。

解決法　コツは1箇所にまとめる&検索性を高めること

ここでは「メモをなくしてしまった」「どこに学習内容をまとめたかを忘れてしまった」の2つを解決する方法について、1つずつ説明していきたい。

メモをなくさないためにはルーズリーフがお勧め

まず、「メモをなくしてしまった」を避けるためには、フセンや裏紙などにメモを取らないことが大切だ。フセンや裏紙はバラバラになってしまうため、紛失しやすい。

メモを取る際にお勧めしているのが、**ルーズリーフ**だ。ルーズリーフであれば書き終わったものをファイルに綴じておけるので、なくしづらいだけでなく単元ごとに

メモをなくさないための工夫

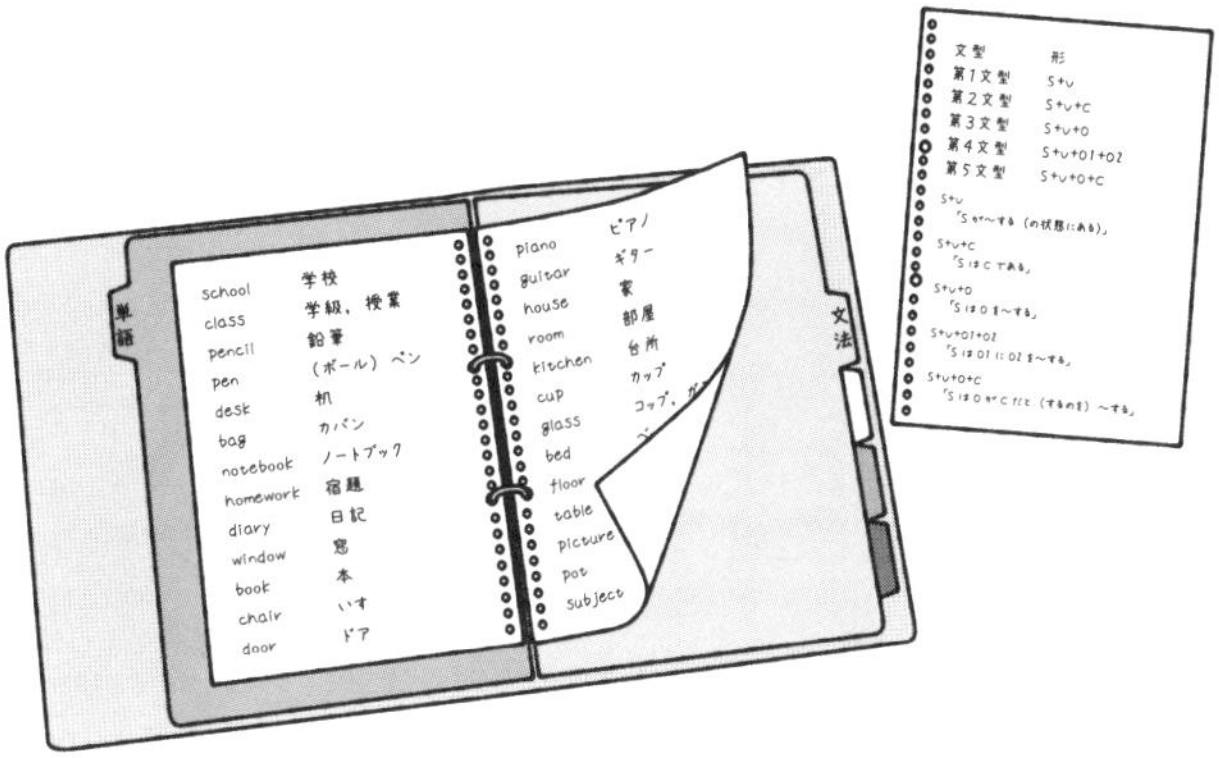

ファイルに単元ごとのインデックスをつけて該当の場所にファイリングする

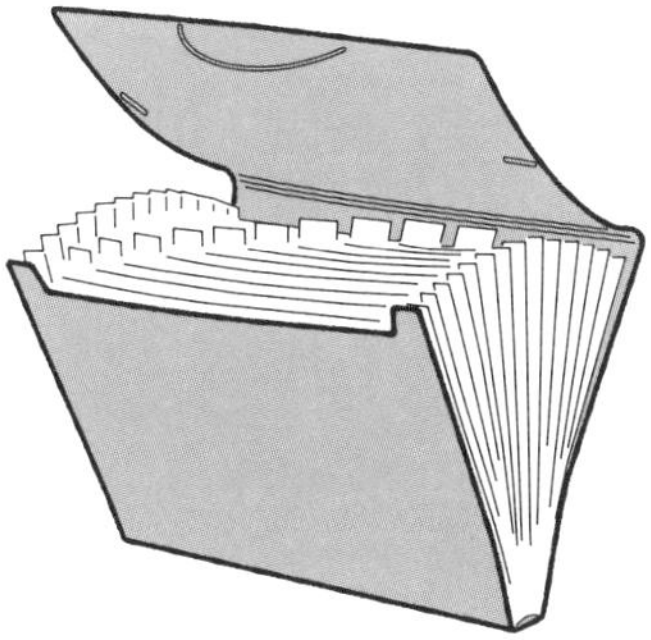

仕切り式ファイルを活用する

パソコンでメモを取る

並び替えることもできて、後から見直しやすい。

ルーズリーフを用いる際は、異なる単元をまとめて1枚の紙に書くのではなく、別々のルーズリーフに記載するようにしよう。そして、ファイルに単元ごとのインデックスをつけ、必ず該当の場所にルーズリーフを格納するようにする。そうすると、復習が格段にしやすくなる。

予備校に通っている場合は、A4サイズのプリントが配られることもある。その場合、A4プリントにわざわざ穴を開けてファイルに格納するのは面倒に思う人もいるだろう。

その場合は、**仕切りでいくつかに分かれているファイルを活用する**のがよい。こうしたファイルであれば、穴を開けてファイルに綴じる必要もなく、プリントやルーズリーフをまとめて入れて整理できる。整理整頓が苦手な人は穴空きファイルではなく、こういった仕切り式ファイルを活用してみてほしい。

検索性が高いツールを活用しよう

次に、「どこに学習内容をまとめたかを忘れてしまった」を防ぐ方法について考えていこう。

この場合有効なのは、手書きではなく、**パソコンでメモを取ること**だ。手書きの場合は、自分でどこに何を書いたかを覚えておく必要があるが、パソコンでメモを取っていれば、検索機能を使って一瞬でデータを見つけ出せるからだ。

メモアプリとして特にお勧めなのが、Evernoteだ。Evernoteの便利な点は2つある。ひとつは「ノート」をまとめて「ノートブック」にできる点だ。

Evernoteを使ったことがない人は、「ノート」はノートの紙1枚、「ノートブック」はそれをまとめたノート1冊と考えてもらえるとわかりやすいだろう。大きな単元ごとに「ノートブック」を作成し、関連する「ノート」をまとめておくと後から見直しがしやすい。

もうひとつEvernoteが便利なのは、検索性が高い点だ。実は、Evernoteの検索機能では、ノート内の文字だけではなく、添付した画像内の文字も検索の対象になる。つまり、参考書を携帯で撮影し、その画像をEvernoteに貼りつけておくと、後から見たいときに簡単にそのページを検索して見つけることができるのだ。試験直前に見直したい参考書のページを撮影し、その画像をEvernote内に格納しておくと、テキスト検索ですぐに見つけたいページが探せる。

「どこに学習内容をまとめたかを忘れてしまった」となりがちな人は、ぜひEvernoteを使ってみてほしい。

Evernoteのアカウント登録方法

1 http://evernote.comにアクセスし、「無料で新規登録」をクリックする。

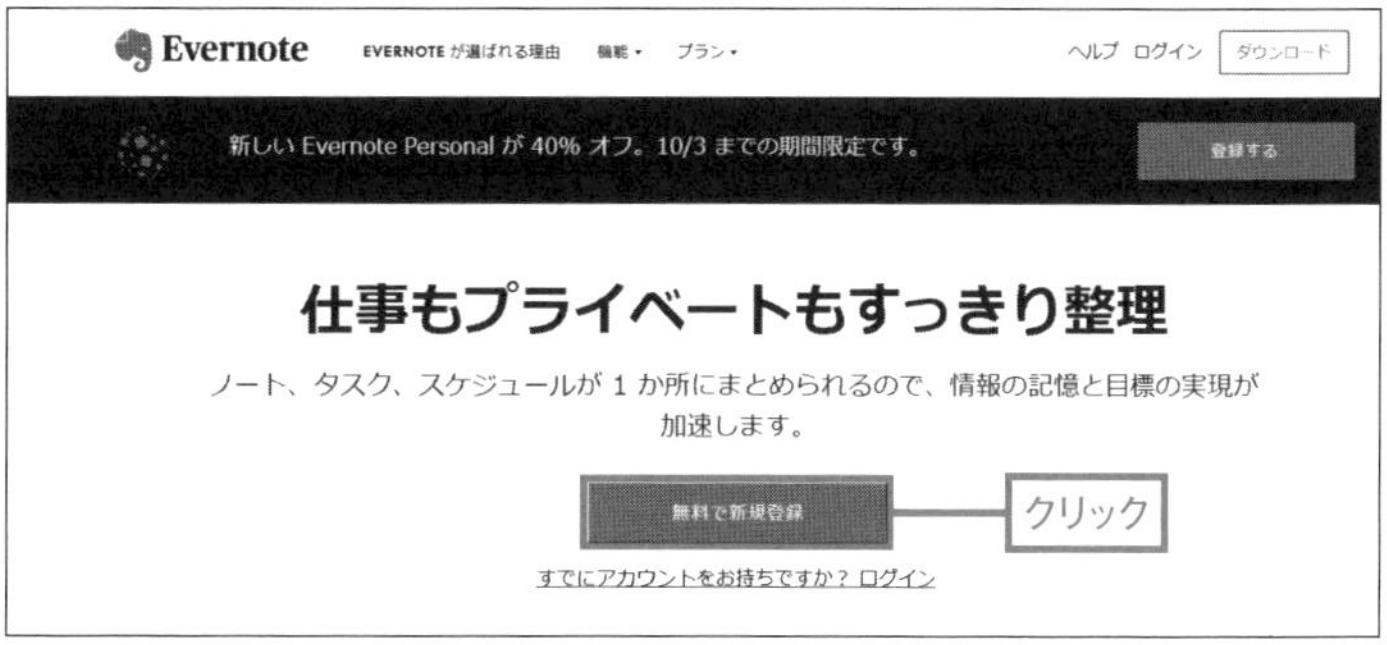

2 使用プランを選択する。まずはベーシックな機能が試せる無料プランから始めてみよう。

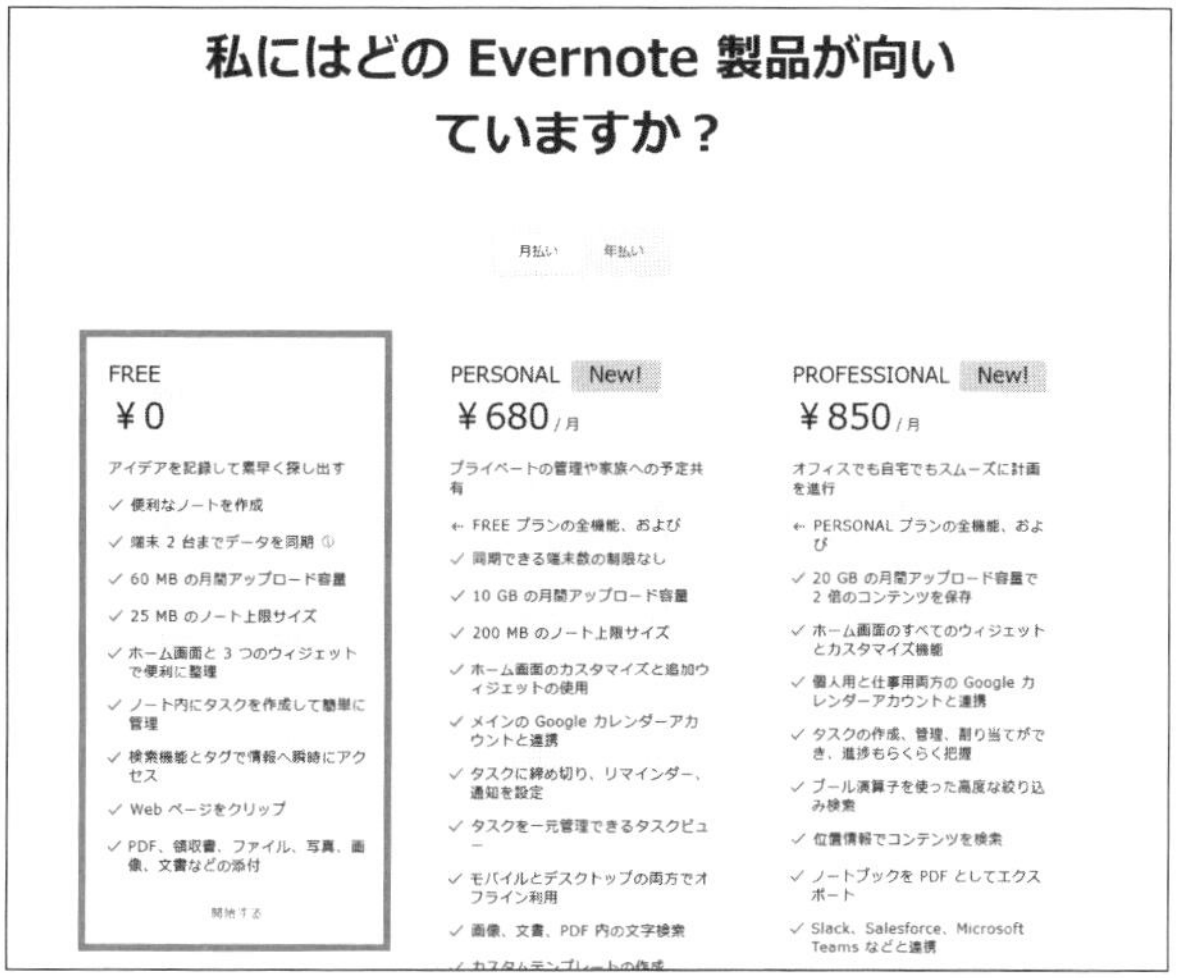

3 メールアドレスとパスワードの設定を行う。

Evernoteのノートブック・ノート作成方法

1 左端のタブの中から「ノートブック」をクリックする❶。操作画面の右端にある「操作」のタブから「ノートブックの名前を変更」を選択し❷、ノートブックの名前を科目の名前などわかりやすいものに変更する。科目ごとにノートブックを作成したい場合は、必要な数だけ「新規ノートブック」をクリックして作成する❸。

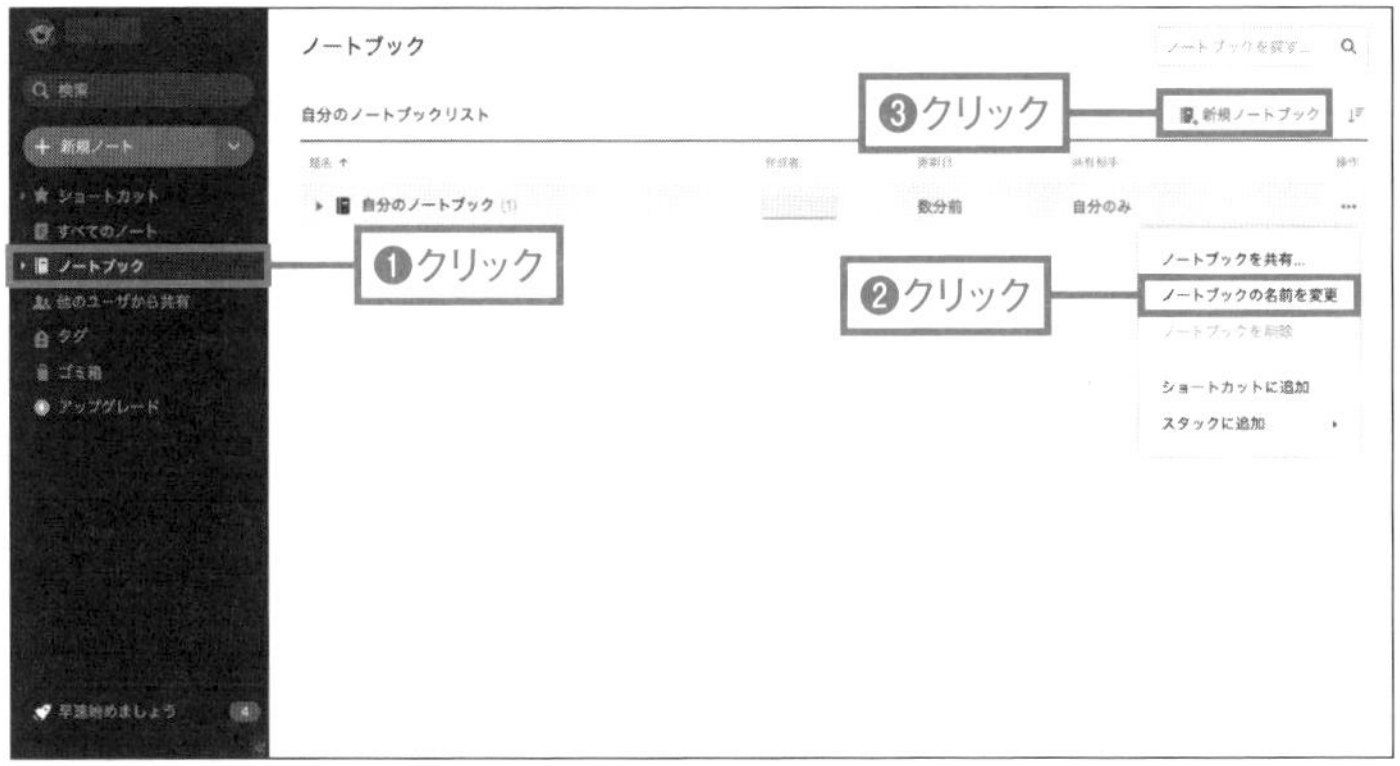

2 ノートブックが作成できたら、ノートを作成したい科目のノートブック名をクリックする。

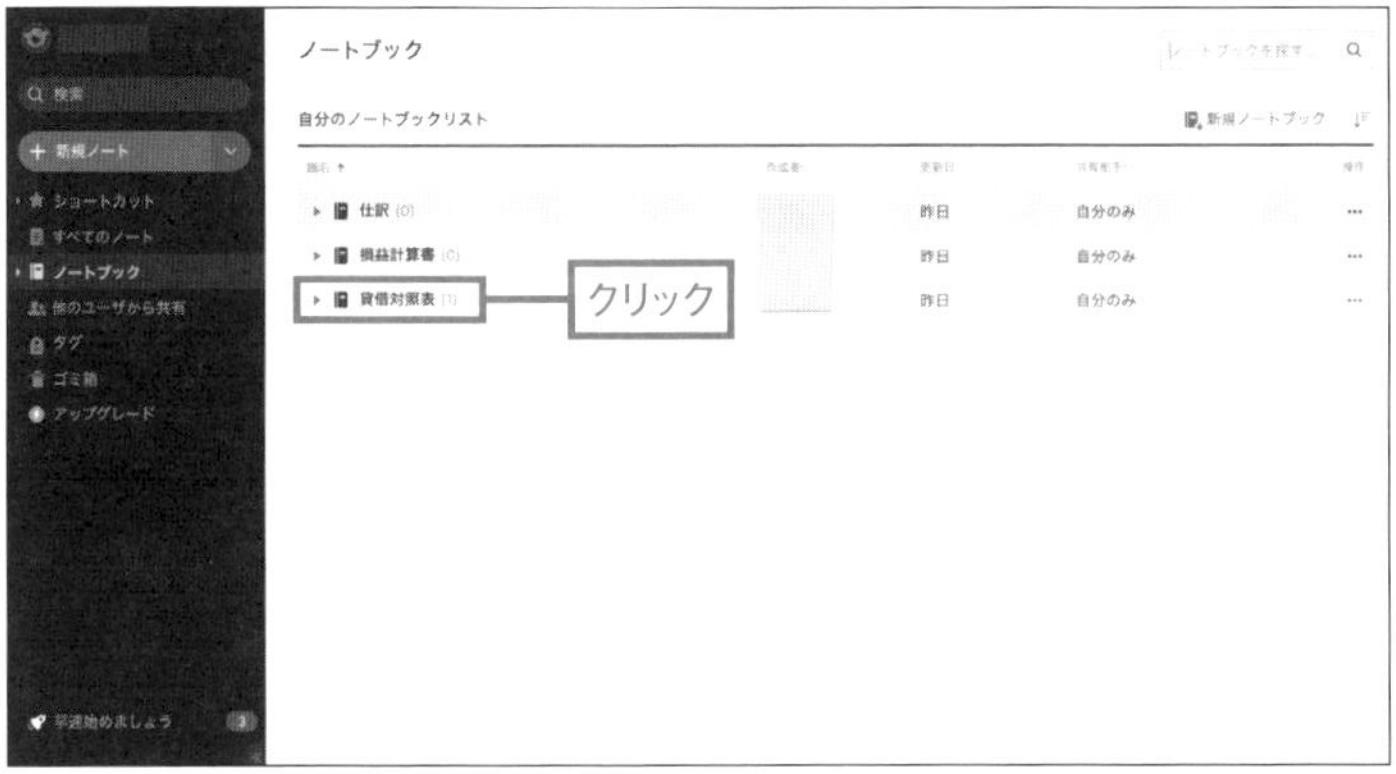

3 新規ページが開いたら、左側のタブから「新規ノート」をクリックし、作成された新規ノートのタイトルを打ち込む。

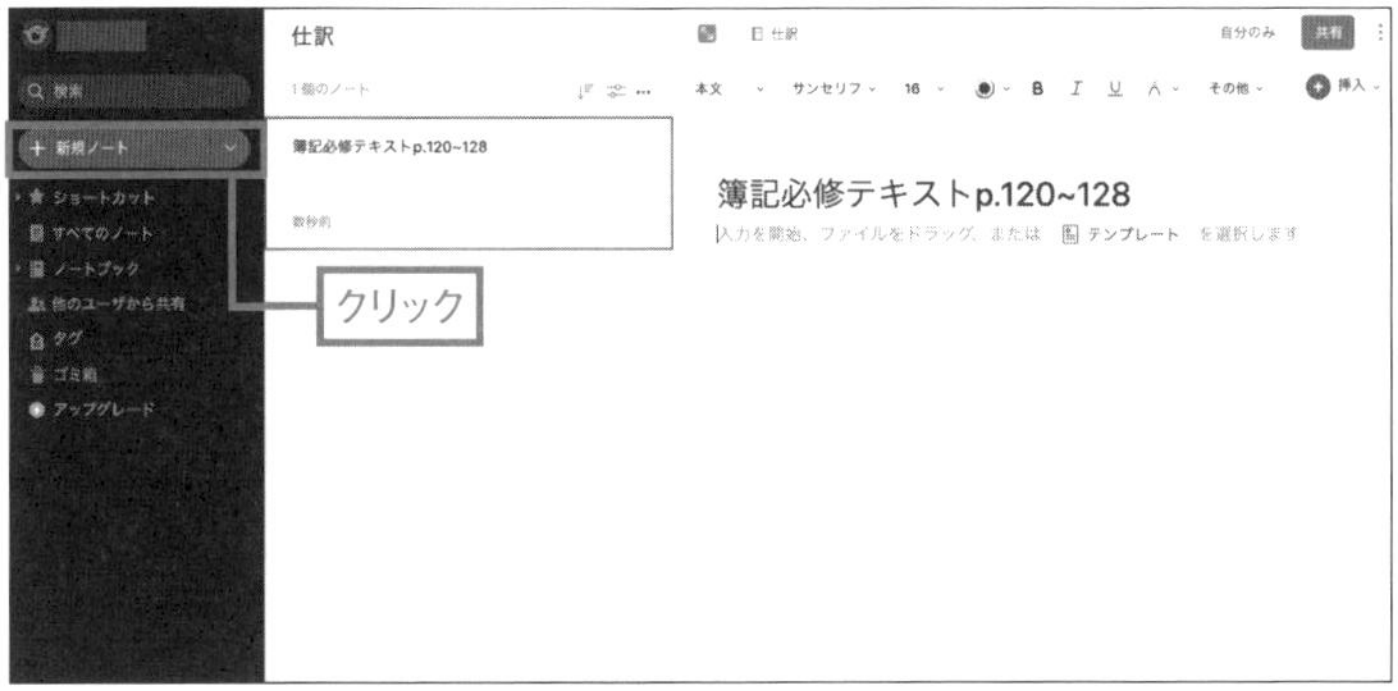

Evernoteへの画像の登録、検索方法

1 該当する写真ファイルのアイコン上にマウスのカーソルを合わせ、マウスの左側のボタンを押したままの状態でアイコンを動かす。そのままEvernoteの画面にいく。

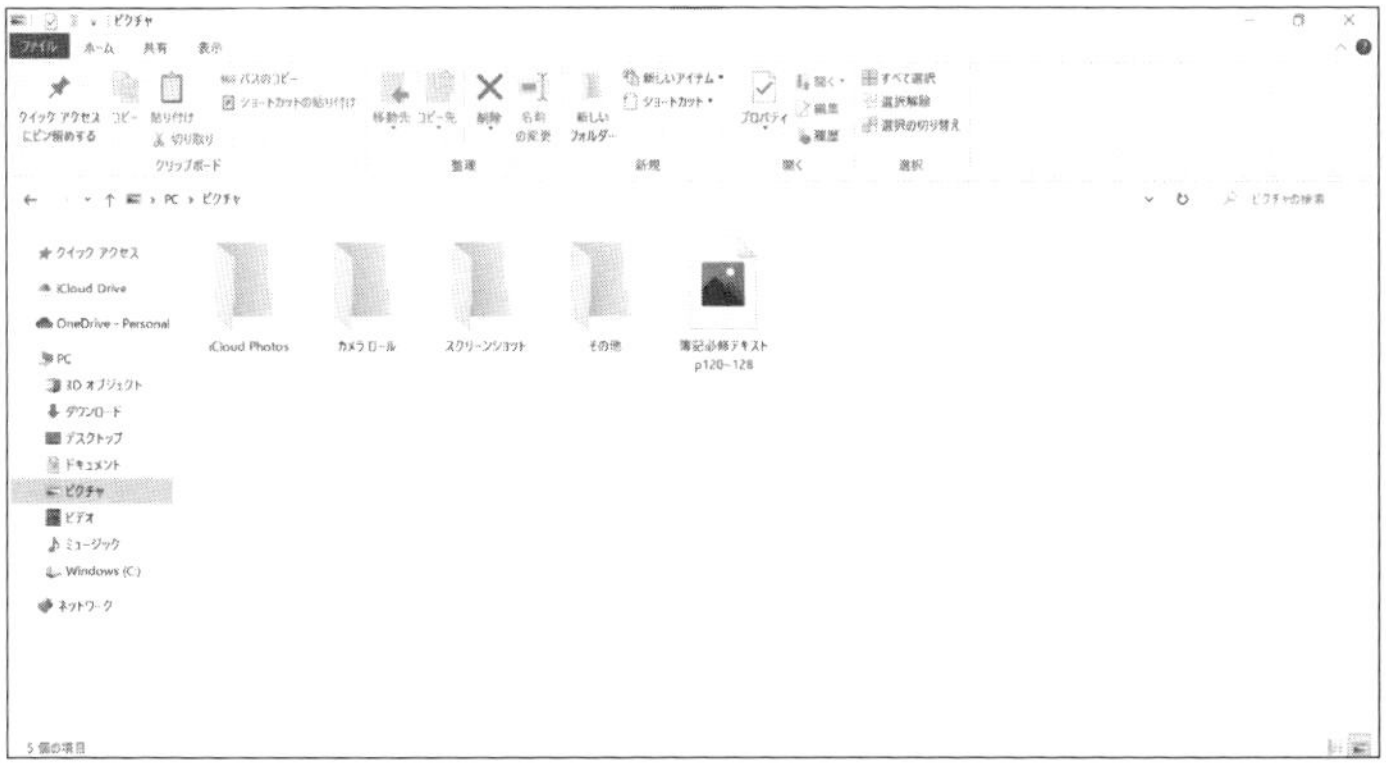

2 その画像ファイルをノート上にドラッグする。すると、画像ファイルがノートに添付される。

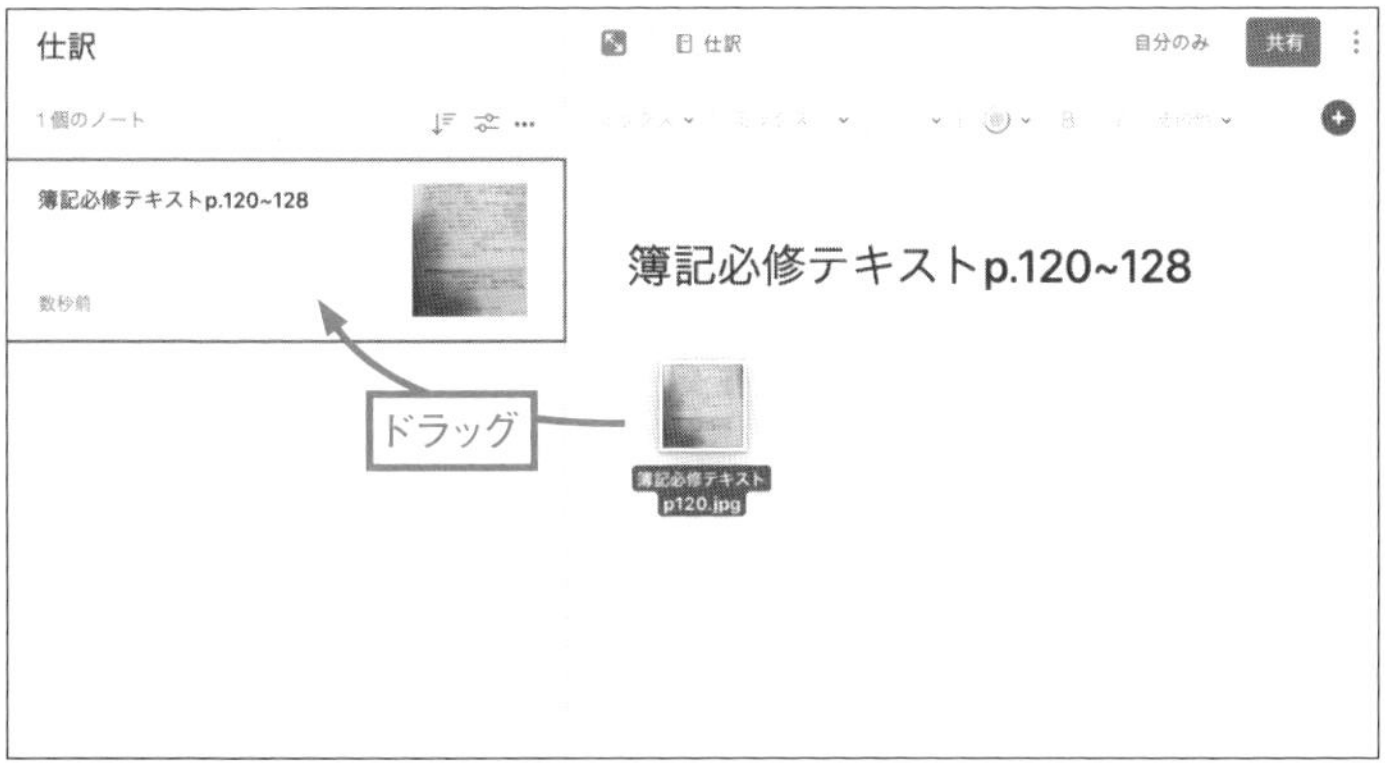

3 画像のテキストを検索したい場合は、左側のタブの「検索」窓にキーワードを入れる。該当する単語がテキストやプリントの画像内で見つかると、そのノートを表示してくれる。重要なページやプリントの写真を撮っておき、Evernoteに貼りつけておくと、探したいときにすぐ見つけることができる。

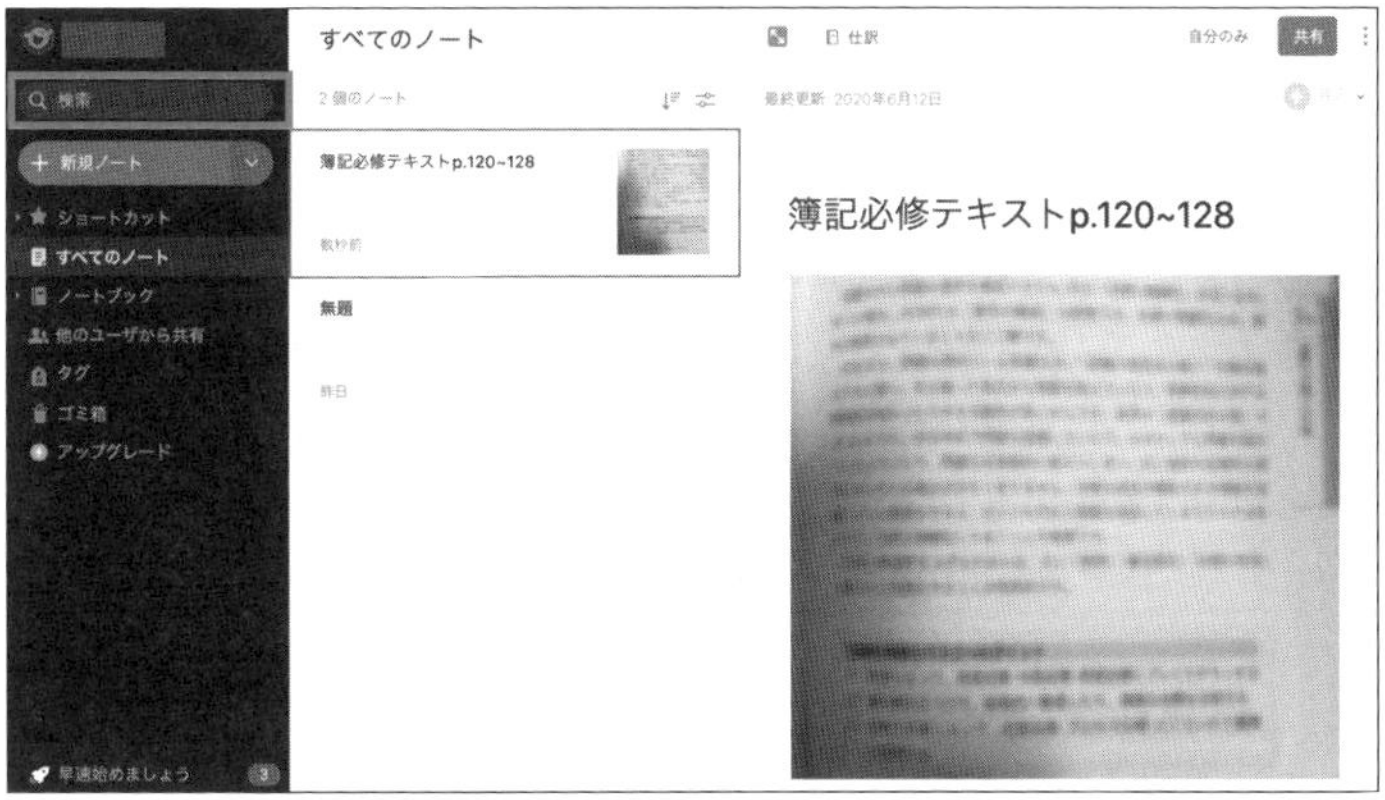

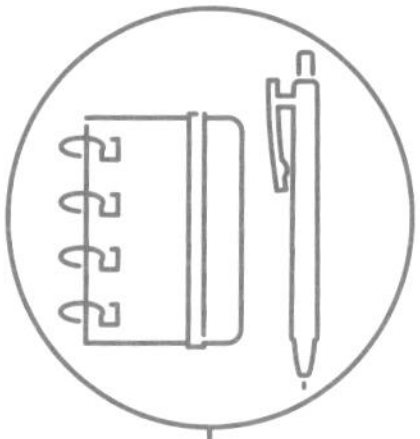

勉強に集中できない（視覚編）

対策

- 周りに人がいない環境で学習を行う
- モニターの明るさを下げる
- 白い紙に光が反射しない工夫をする

事例

人の動きに気が散りやすく、パソコンをずっと見ていると目がチカチカする

最近、資格試験の勉強を始めた。自分の部屋だとついついゲームをしてしまったり、寝てしまったりするので、家族の目があるリビングで勉強することにした。しかし、どうにも集中力が続かない。家族がリビングを横切るのが目に入ると、気になってしまうのだ。

また、ユーチューブで動画教材を見ながら学習を進めているのだが、しばらくすると目がチカチカしてきてしまう。どんな環境であれば、集中して勉強を進めることができるのだろうか。

原因

視覚過敏が気の散りやすさの原因に

人の動きが目に入ると気になってしまう、パソコンなどの画面の明るさが異常にまぶしく感じるといった症状がある場合、「**視覚過敏**」の可能性がある。

聴覚、視覚、触覚、味覚、嗅覚といった五感が過敏で、過度に刺激に反応してしまうことを感覚過敏という。その感覚過敏のひとつが、視覚過敏だ。

視覚過敏の場合には、上記で挙げたような症状以外にも、貼られている掲示物が気になってしまう、太陽がとてもまぶしく感じる、白い紙に反射する光が目に刺さるように感じるといったさまざまな症状が見られる。

ADHDやASDの場合、この感覚過敏の症状が現れやすいといわれている。そのため、学習を行う際には、感覚特性を踏まえた工夫が必要だ。

解決法　刺激を受けづらい環境を作ろう

同じ視覚過敏であっても、周囲の人の動きに敏感に反応しやすい人もいれば、パソコンの明るさや紙への光の反射がつらいと感じる人もいる。自分の感覚に合わせて、刺激を受けづらい環境を作っていこう。

周りの人の動きや掲示物が気になる人は……

周囲の人の動きが気になる人は、図書館やカフェではなく、自室など**周りに人がいない環境で学習を行う**とよいだろう。

とはいえ、自室にはゲームや漫画、ベッドなど勉強を妨げる誘惑

安価に部屋を借りることができる代表的なサービス

● **Airbnb**
https://www.airbnb.jp/

空き部屋を貸したい人と部屋を借りたい人とをマッチングするサービス

● **クロスハウス**
https://x-house.co.jp/

サブスクリプション型で、どの物件でも無料で自由に移動ができるサービス

● **スペースマーケット**
https://www.spacemarket.com/

貸し会議室から、個室のパーティー・イベントスペース、撮影スタジオなど、全国15,000以上のレンタルスペースを予約できる

● **ADDress**
https://address.love/

定額で全国28箇所の家に住み放題となる、サブスクリプション型の多拠点居住シェアサービス

も多いため、集中するために自宅以外で勉強をしたい人も多いだろう。その場合、周囲の人の動きが目に入りづらいような学習環境を作る工夫をしてみよう。

お勧めは、81ページでも紹介した**卓上パーティション**や**デスク学習マット**だ。視界の前や横をふさぐようにして置くことで、人の動きが目に入りづらくなる。

また視覚過敏の場合、ビビッドなポスターなどが目に入ると気になってしまう人も多い。勉強部屋の壁には余分なものを貼らずにスッキリさせておくこと。自宅以外で学習する際も、なるべく視覚刺激が少ない環境を選ぶのが大切だ。

上記のような条件を満たすよい学習場所がどうしても見つけられない人もいるだろう。その場合、お金はかかるが、特に集中したいときだけホテルなどの部屋を借りる選択肢もある。最近では、Airbnbやスペースマーケットなど安価に部屋を借りられるサービスも出てきている。試験前の特に集中して学習をしたいシーズンなどに利用してみよう。

パソコンの明るさが気になる人は……

パソコンの明るさが気になる人は、**モニターの明るさを下げてみよう**。ウィンドウズの場合は、「Fn（ファンクション）」キーを押しながら「F7」を押すと画面が明るくなり、「F6」を押すと画面が暗くなる。Macの場合は、キーボードの最上列に太陽のようなマークがある。太陽の光線が長いボタンを押すと画面が明るくなり、短いボタンを押すと暗くなる。

紙の明るさが気になる人は……

視覚過敏の人の中には、白い紙に反射する光が目に刺さるように感じる人もいる。そのためテキストやノートを見ることがつらい人もいるだろう。その場合、まずは**窓の近くに座らない**、**カーテンを閉める**といった解決策が考えられる。また、部屋の照明の明るさが調整できる場合は、少し明るさを下げるのもよいだろう。

白い紙は反射が強く目が痛いと感じる人も多いため、薄く色がついた下敷きをテキストの上に置いて読んだり、テキストを色のついた紙にコピーして読んだりといった方法も有効である。

また最近では、視覚過敏の人が使いやすいノートも販売されている。たとえば、アックスコーポレーションが発売している「**グリーンノート**」は光の反射をおよそ14%カットした目にやさしい紙を使ったノートだ。カラーバリエーションも豊富なので、自分の目に合った色を見つけてみてほしい。

紙の明るさが気になる人の対策法

窓のそばに座らない

カーテンを閉める

薄く色がついた下敷きを
テキストの上に置いて読む

テキストを色のついた紙に
コピーして読む

光の反射をカットした目にやさしいノートを使う

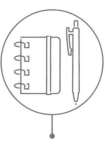

勉強に集中できない（聴覚編）

対策

- イヤーマフを活用する
- 自分に合った耳栓を探す
- デジタル耳栓を活用する

事例　エアコンの音や工事の音が頭に響いてしまう

自宅だと勉強に集中できないので、先日コワーキングスペースに登録した。月額制で場所を借りることができ、24時間使えるので、会社帰りにも寄れて便利だ。

しかし、使い始めてからしばらく経って、ある問題が発生した。コワーキングスペースのエアコンが新しくなり、その音がどうしても気になるようになってしまったのだ。さらに、近所で工事が始まり、その音も聞こえるようになってしまった。ただ単にうるさくて集中できないだけでなく、音が頭に響いて痛いのだ。

原因　音が気になるのは、聴覚過敏が原因かも

これも前節で説明した「**感覚過敏**」が影響している可能性が高い。音が特に気になったり、頭に響いて痛いといった症状が見られたりする場合は「**聴覚過敏**」が疑われる。

聴覚過敏の人は、エアコンの音やキーボードを打つ音など、他の人にとっては何でもない音が異常に大きく感じられてしまう。また、工事音や犬の鳴き声といった特定音域の大きな音に関しては、頭に響いて「痛い」という感覚を伴うこともある。

解決法　聴覚過敏の人のためのツールを活用しよう

聴覚過敏の人にとって役立つツ

ールが**「イヤーマフ」「耳栓」「デジタル耳栓」**などのツールだ。聴覚過敏の人にとって堪え難い音域の音をカットしてくれるため、音が頭に響く痛みを防いでくれる。

「イヤーマフ」「耳栓」「デジタル耳栓」は、音をカットする機能があるのは一緒だが、それぞれの特徴がある。ここではメリット・デメリット、お勧めの使い方を解説していく。

イヤーマフは防音性は高いが感覚過敏の人には不向き

まずは、イヤーマフ。ヘッドフォンの形をしており、耳をすっぽり覆ってくれる。耳に密着しているため**防音性が高い**のがメリットだ。しかし、その分あらゆる音を遮断してしまうため、周囲の人の声やアナウンスなども聞きづらくなってしまうデメリットもある。

また、耳のあたりが常に締めつけられているので、感覚過敏の人は不快感を覚える可能性も高い。耳に当たる部分の素材や締めつけの強さはイヤーマフの種類によって異なるので、**実際に試着して自分に合うものを探してみる**のがいいだろう。

耳栓は寝ているときでも使いやすいが、遮音性が低い

次に紹介するのは耳栓だ。アナログな方法ではあるが、**安価でどこでも手に入る**。また、イヤーマフやデジタル耳栓とは異なり、**就寝時でもはずれにくく身につけやすい**メリットもある。

最近ではシリコン性の耳栓も発売されており、耳の形に合わせて形を変えられるものもある。イヤーマフに比べれば圧迫感が少ないので、感覚過敏の人にとっては使いやすい可能性も高い。

一方デメリットとしては、製品にもよるものの遮音性がイヤーマフやデジタル耳栓よりも劣ることが挙げられる。たとえば工事音などが気になる場合、80%ほどの音はカットしてくれるかもしれないが、微小な音は聞こえ続ける。小さな音でも不快感がある人には、耳栓よりも次に紹介するデジタル耳栓のほうがよいだろう。

デジタル耳栓はつけていても会話やアナウンスが聞き取り可能

最後に紹介するのは、キングジムから発売されている「デジタル

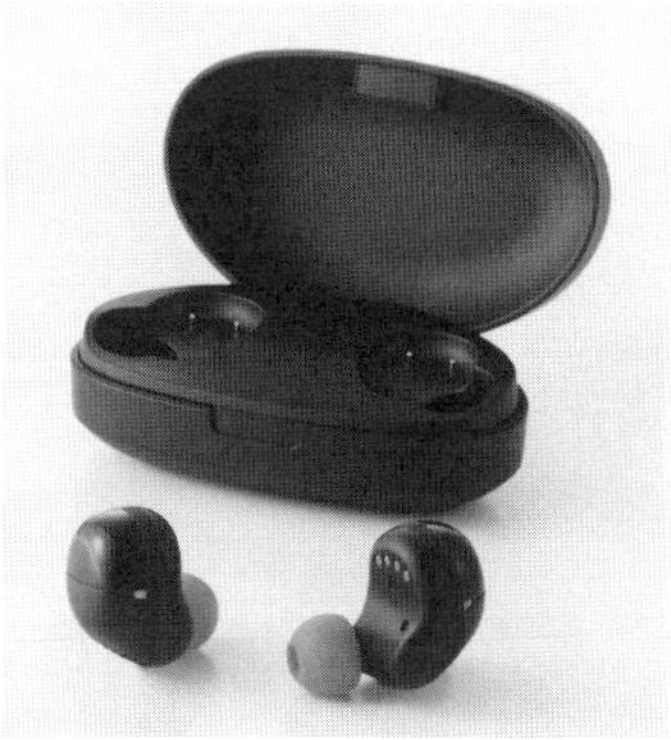

キングジムのデジタル耳栓には
完全ワイヤレス型もある

耳栓」だ。デジタル耳栓とは、冷蔵庫やエアコンの機械音、電車の車内騒音など「環境騒音」と呼ばれる特定周波の音をカットしてくれるデジタル機器である。

耳栓のように物理的に耳をふさいで音を聞こえなくするのではなく、イヤホンに内蔵された小型マイクロホンが周囲の環境騒音と逆位相の音を出すことで騒音を打ち消す仕組みだ。そのため、**ほぼ限りなく特定周波の音が消せる**という特徴を持つ。かつ、呼びかけやアナウンス、着信音といった必要な音はしっかりと聞こえる仕組みになっている。

人によって体感効果は異なるため、購入する際は、可能であれば店頭で試着するとよいだろう。

デジタル耳栓に限らず、感覚過敏がある人は、聴覚だけでなく、触覚にも過敏な場合がある。音の遮断の有無だけでなく、イヤホンの形や大きさ、素材が耳にフィッ

聴覚過敏に役立つツールのメリット・デメリット

	メリット	デメリット
イヤーマフ 	防音性が高い	• あらゆる音を遮断するため、周囲の人の声なども聞きづらくなってしまう • 耳のあたりが常に締めつけられているので、感覚過敏の人は不快感を覚える可能性が高い
耳栓 	• 安価で手に入りやすい • 就寝時でもはずれにくい • 圧迫感が少ないので、感覚過敏の人にとっては使いやすい可能性が高い	製品によって遮音性がイヤーマフやデジタル耳栓よりも劣る
デジタル耳栓 	ほぼ限りなく特定周波の音が消せる一方で、呼びかけやアナウンス、着信音といった必要な音はしっかりと聞こえる	通常の耳栓よりも価格が高く、購入のハードルが上がってしまう

トするのかどうかを確認するようにしよう。音が気にならなくなったとしても、装着したときの違和感や、サイズが異なることへの痛みが気になってしまっては意味がない。

インターネット購入に比べて、店頭で探すことは手間や時間がかかるが、聴覚過敏・触覚過敏で悩んでいる人には、実際に店頭で試してみることで、ぜひ自分に合った耳栓やイヤーマフを見つけてほしい。

とはいえ、やはり通常の耳栓よりも価格が高く、購入のハードルが上がってしまうのがデメリットだ。

メリットやデメリット、自分が不得意な音を見極めた上で、自分に合うツールを使ってみてもらいたい。

Column

自分に合った学び方を知るために「認知処理特性」を理解する

周囲の人に押しつけられた学習法を疑うことなく信じるのではなく、特性を踏まえた学習法を選択する必要がある。

自分に合った学び方を探る上で知っておいてほしいキーワードがある。それが「認知処理特性」だ。

認知処理特性とは、情報を処理する際の傾向であり、「継次処理タイプ」と「同時処理タイプ」の2つがあると考えられている。発達障害の場合は、どちらかの認知処理が有意に得意もしくは苦手である場合もある。自分はどちらのタイプなのかを知っておくことが、自分に合った学び方を知る上では重要だ。

まず継次処理タイプは、情報を順序立てて理解することが得意なタイプだ。たとえば、道順を説明されるときに、「まず、1つ目の角を右に曲がって、30メートルほど歩きます。次に、右手にコンビニが見えてきたら、左に曲がります。そして、公園が見えてきたらその角を右に曲がります」のように順を追って説明されたほうがわかりやすい人はこちらのタイプに当てはまる。

一方、同時処理タイプは、全体の概要を把握してから、個別の詳細を理解するのが得意なタイプだ。たとえば地図を見て、スタートからゴールまでの動きの全体像を一気に把握したほうが道順を把握しやすいと考える人はこのタイプだ。

自分が得意な認知処理スタイルを知っておくと、参考書などを選ぶ際に、どのように説明されている書籍が自分に合っているのかをつかみやすくなる。たとえば、継次処理タイプの人には順を追って丁寧に手順を説明している参考書が合っているだろうし、同時処理タイプの人にはイラストや図で全体像をわかりやすく伝えてくれる参考書が合うだろう。かつ、予備校などで個別授業を受ける場合は、自分の認知処理特性を講師に伝え、それに沿った説明をしてもらえるように頼んでもいいだろう。自分の認知処理特性を理解し、自分に合った学び方を模索してみてほしい。

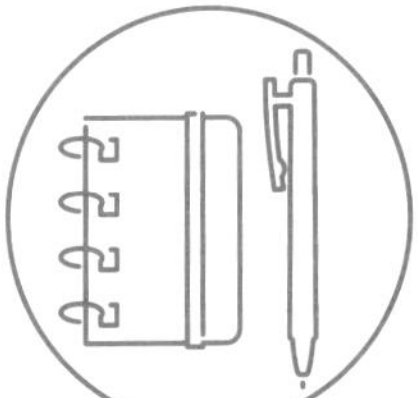

勉強に集中できない（ＡＤＨＤ編）

対策

○複数の教科や単元を同時並行で進める
○適度に休憩時間を入れる
○何か他のことをやりながら学習を進める

事例
勉強しないといけないとわかっているのに……

先ほどから資格試験の勉強をしようと机に向かっているのだが、一向に進まない。集中力が10分以上続かないのだ。

参考書を読もうとするものの、いつの間にか漫画を読んでいたり、ベッドに寝そべっていたり……こんなことも日常茶飯事だ。勉強しなくてはいけないとわかっているのに、なぜ集中できないのだろう。

原因
興味がないことには10分も集中が持たないことも

目の前の課題や遊びに集中できないのは、ＡＤＨＤの「**不注意特性**」が影響していると考えられる。1つのことを最後までやり遂げられず、すぐに違うことを始めてしまうといった性質がこの不注意特性に当たる。

ＡＤＨＤでなくとも時間が経つと集中力は切れるものだが、ＡＤＨＤの場合は特に集中力の持続時間が短いのだ。

またＡＤＨＤの場合、興味がない事柄には10分も集中できない一方で、興味があれば何時間でも集中できる「**過集中**」の症状も見られる。そのため、「頑張ればできるはずなのに、怠けている」と捉えられてしまい、自信を失ってしまう人も多い。

解決法
根性論ではなく、勉強が進む仕組みを考える

ＡＤＨＤの人の場合、「とにか

く頑張って集中する」といった根性論ではなく、集中力が切れても勉強が進む環境を整えることが大切だ。ここでは「**同時並行勉強法**」と「**ながら勉強法**」の2つを紹介する。

複数の教科や単元を同時並行で進める

まずお勧めなのは、複数教科や単元を同時並行で進める勉強法だ。飽きたら次の教科（単元）へ、また飽きたら次の教科（単元）へとチェンジすることで、上手に集中力を持続させせながら学習を進めることができる。すぐに次の教科に移れるように**複数の教科の参考書を用意しておく**といいだろう。

適度に休憩時間を入れる

「2時間はこの教科を学習しよう」と決意しても、長時間にわたって集中し続けるのはなかなか難しい。だからこそ、**適度に休憩を入れてリフレッシュする**のも大切だ。

たとえば、いつも30分程度で集中力が切れてしまうとする。その場合、25分ほどで終わらせられる程度の課題量を決め、やり始める。すると、集中が持続している状態で課題をやり終えることができるだろう。

「まだもう少しできるな」と思っても、そこで一度休憩を入れよう。「まだまだやりたいな」と思えるくらいの状態で休憩に入ると、その気持ちのまま休憩後も課題を再開しやすくなる。

何か他のことをやりながら学習を進める

また、もうひとつお勧めの勉強法が「ながら勉強」だ。ADHDの場合、「多動性」という特性を持つため、体を動かさずにじっとしていることがストレスになる人が多い。じっと座って勉強することのほうが、体を動かしながら勉強するよりも気力と体力を消耗してしまうのだ。

だからこそ、体を動かし「ながら」、お風呂に入り「ながら」など、**他の行動と一緒に行うことで、集中力をうまく持続させながら、学習に取り組むことができる。**スポーツクラブでランニングやバイクを行いながら勉強したり、外を散歩しながら勉強したりするのもいいだろう。

iPhoneでキンドルを読み上げさせる方法

1「設定」から「アクセシビリティ」をタップする。

2「読み上げコンテンツ」をタップする。

3「画面の読み上げ」をオンにする。

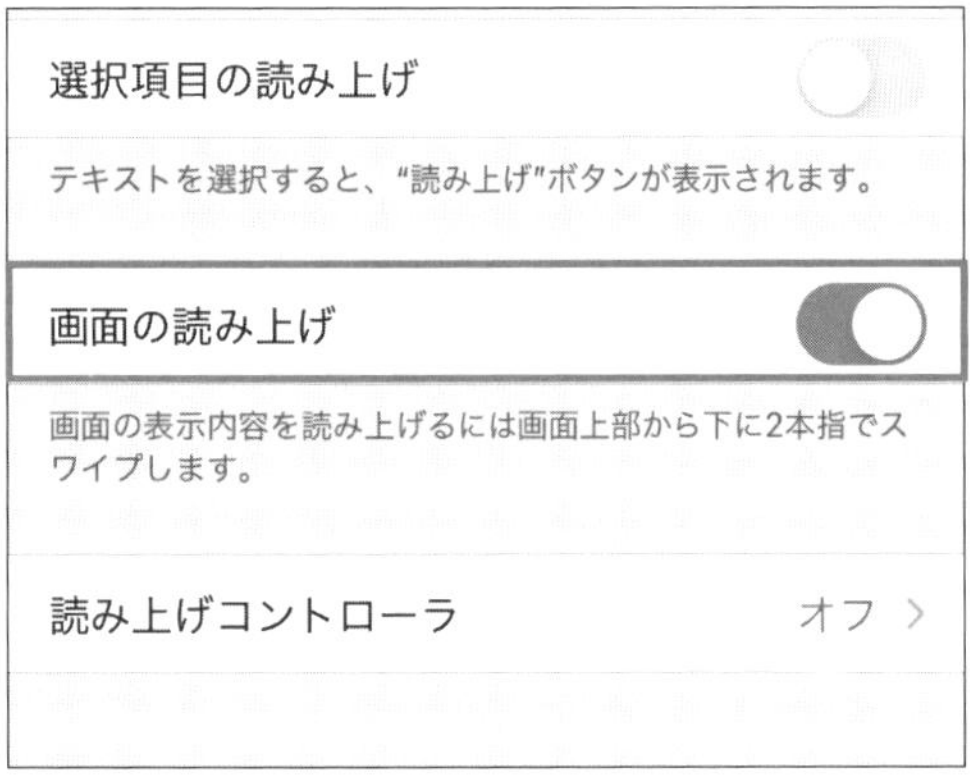

4 声の性別を変えたいときには、「声」をタップする。

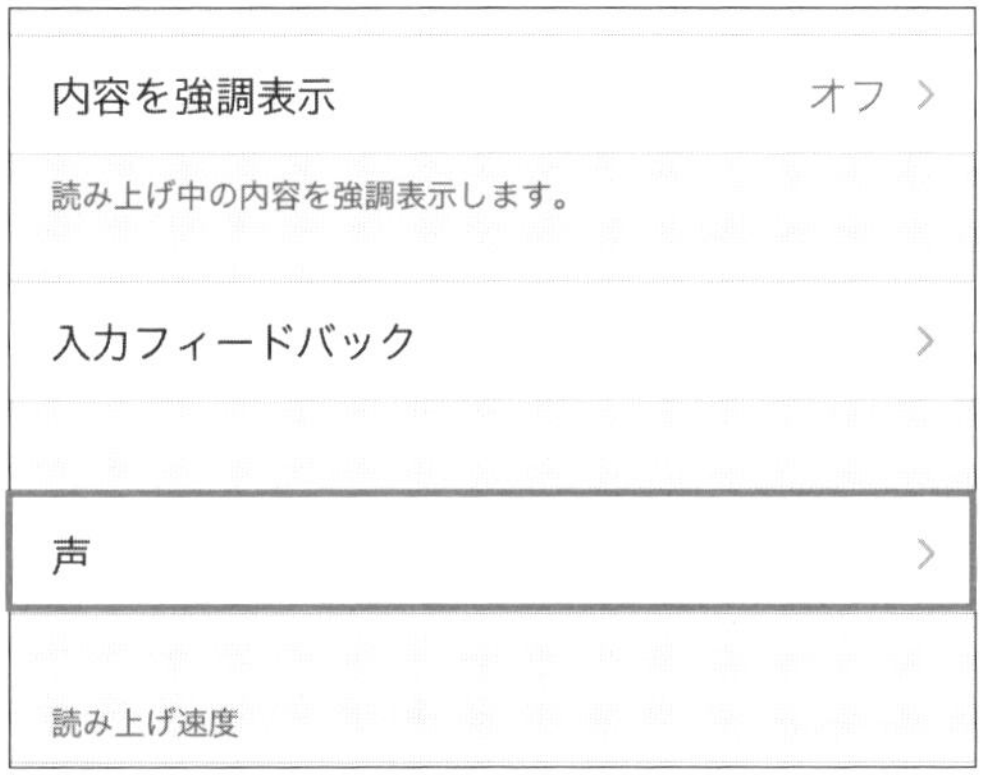

5「日本語」をタップする。

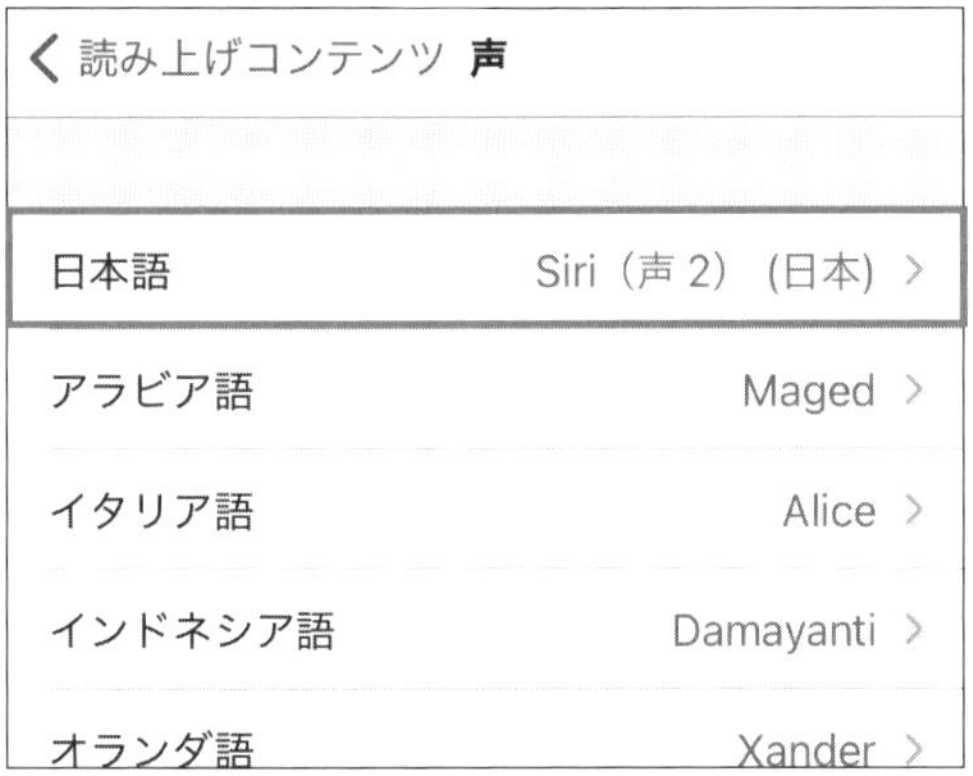

6 読み上げの声の種類を選ぶ。

「ながら勉強」の際は体を動かしていることも多いため、テキストを読むことが難しい場合もあるだろう。その際に便利なのが**オーディオ教材**だ。「試験名＋オーディオブック」で検索すると数々の教材がヒットする。サンプルなどを視聴した上でよさそうだったら購入してみよう。

また、参考書がキンドルで発売されている場合は、読み上げ機能も使える。ただし、オーディオブックと違い、機械音での読み上げとなるため多少聞きづらさがある。自分に合っているかどうかを確認しながら使ってみてほしい。

教学社の「風呂で覚えるシリーズ」は水に濡れても大丈夫な紙を使っているのでお風呂での学習に最適

また、お風呂やトイレといった日常的に使う場所で効果的に学習を進める「ながら勉強」もお勧めだ。お風呂で水に濡れても大丈夫な特殊な紙に印刷された単語帳や参考書も発売されている。たとえば、教学社の「風呂で覚えるシリーズ」などは水をはじく特殊な紙を使用している。こうした教材を使ってお風呂で勉強するのもひとつの手だ。

また、よく間違えるポイントなどを紙に書いてトイレに貼っておくと、トイレに行くたびに目に入るので覚えやすい。

机に座って行うだけが勉強ではない。日常生活のちょっとした隙間時間を利用して効果的に学習を進めてみよう。

毎日の隙間時間をフル活用し、全体の学習量を増やす

最後に、毎日の通学・通勤時間や待ち時間など、隙間時間を活用して勉強時間を増やしていくやり方を紹介したい。

隙間時間活用までのステップは大きく2つある。1つ目は、**毎日のルーティンで発生する隙間時間を洗い出す**（電車での移動時間など）こと、2つ目は、**時間量ごとにできる勉強を考え、スマートフォンのメモアプリなどに残しておくこと**だ。

そうすることで、突然隙間時間ができたときも、メモアプリを参照することで、その時間内にすることができる事柄がわかり、すぐに勉強モードに切り替えることができる。

隙間時間の活用方法例については、この後の「集中するまでの時間が長く、隙間時間の活用もできない」に英語学習向けの事例や、お薦めのアプリを紹介している。気になる人はぜひそちらも参考にしてみてほしい。

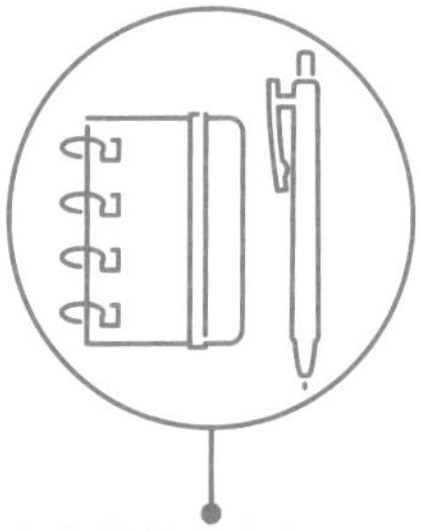

勉強中、ついスマートフォンを見てしまう

対策

- 家族やパートナー、友人にスマートフォンを預ける
- 機内モードに設定する
- スマートフォン断ちアプリを活用する

事例 勉強中、気づくとスマートフォンに手が伸びてしまう

今、資格試験の勉強をしているのだが、一番の敵が「スマートフォン」だ。LINEの着信音が鳴ると「誰からの連絡かな」と気になって手が伸びてしまう。

また、少し集中力が切れたときに「10分だけ休憩しよう」とゲームアプリを開くと、気づいたら1時間以上も遊んでしまうこともある。

勉強中、ついついスマートフォンを見てしまうのをやめるにはどうしたらよいのだろうか。

原因 ADHDの強い衝動性と過集中が原因

これはADHDの特性のひとつである「**衝動性**」が原因だ。LINEの着信音を聞くと、「誰から連絡が来たのかすぐに知りたい」という欲求に歯止めがかけられず、すぐにスマートフォンに手が伸びてしまう。「今は勉強中だから後にしようかな」と逡巡《しゅんじゅん》する暇もなく、手が伸びてしまうのだ。

また、面白いと思ったことに時間を忘れてのめり込んでしまう「**過集中**」の特性も拍車をかける。一度、ゲームアプリなどを始めてしまうとついつい時間を忘れて、やり続けてしまうのだ。

解決法 スマートフォンに触れない環境作りを

いくら「スマートフォンを触らないぞ」と心に決めていても、意味はない。必要なのは、**スマートフォンに触れない環境を作っておくこと**だ。

家族やパートナー、友人にスマートフォンを預ける

一番の対策は、**家族やパートナー、友人などに、勉強時間の間だけスマートフォンを預けておく方法**だ。

触ろうとしても触れない、もしくは触ろうとしたときに止めに入ってくれる人がいれば「ついつい触ってしまった」は完全に防止できるだろう。

機内モードに設定する

しかし、「スマートフォンを預けられる人が近くにいない」という人はもちろん多いだろう。そんなときには「**機内モード**」を活用しよう。

iPhoneでの機内モードの設定の仕方

その1

1 画面下部から上方向にスワイプし、コントロールセンターを表示する。

2「機内モード」アイコンをタップする。

その2

「設定」から「機内モード」をオンにする。

機内モードとは、通常は飛行機に乗るときに設定するモードであり、このモードにするとネットワークがつながらなくなる。そのためLINEなどのSNSやアプリの通知が届かなくなるのだ。

　通知がなくなれば、集中力は阻害されづらくなるので、ぜひ試してみてほしい。

スマートフォン断ちアプリを活用する

　もうひとつ、スマートフォンを触らないようにするためにお勧めの方法がある。それが「**スマートフォン断ちアプリ**」だ。

　アプリの中には、ゲーム感覚でスマートフォンを触らないのを防ぐことができるものもある。たとえば、自分で集中したい時間を設定し、その時間の間にスマートフォンを触らなければ、そのご褒美として魚が育つアプリ「スマホをやめれば魚が育つ」だ。スマートフォンに一定時間触らなければアイテムが集まり、魚を成長させることができる。魚の種類も豊富なので、飽きずに続けることができる。集中した時間をグラフにして見られるので、モチベーションアップにも効果的だ。

　他にも、次ページに挙げたようにスマートフォンを触らないと、ご褒美メッセージが届くアプリなどさまざまなものがある。自分に合ったアプリを探してみるといいだろう。

Column

学習を妨げるゲーム依存症の怖さ

　ゲームをする時間や頻度を自分でコントロールできず、何よりもゲームを優先する。昼夜逆転したり学業などに影響が出たりしているのに、ゲームがやめられない。こうした症状がある人はいないだろうか。

　このような症状は「ゲーム依存症」と呼ばれている。2018年にはWHOが「ゲーム障害」として「国際疾病分類（ICD）」に追加。同年、厚生労働省もゲーム依存症を含むインターネット依存症が疑われる中高生は93万人にのぼるとの推計値を発表するなど、深刻な社会問題となっている。

　発達障害の場合、コミュニケーションに苦手を感じている人も多い。対人関係を避けた結果、ゲームの世界にはまりこんでしまうといったケースを相談支援で聞くことがある。また、二次障害（特性によるストレスや、周囲との関係性の悪化が原因で、うつ病やひきこもりといった不適応が生じること）としてひきこもりが続いてしまうケースもあり、ゲーム依存には気をつける必要がある。

　これを読んでいる人の中に、学習をしようとしてもなかなかゲームをやめられないという人がいたら、その時間が度を越していないか、昼夜逆転・課金による経済状況の悪化といった深刻な問題が生じていないかを確かめてほしい。

　もちろん、「ゲームが好き」という個人の趣味は認められるべきである。しかし、日常生活や人生に深刻な問題がある場合は、早急な対処が必要だ。ぜひ一人で抱え込まず、依存症専門医に相談するようにしよう。

代表的なスマートフォン断ちアプリ

●スマホをやめれば魚が育つ

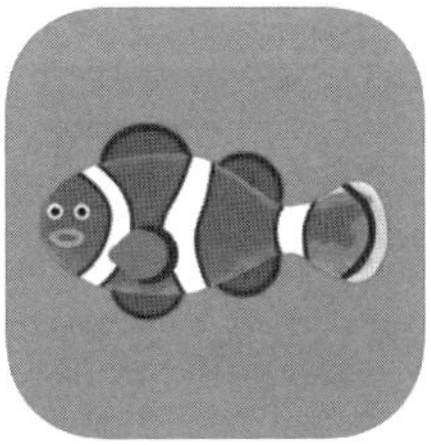

- スマートフォンを閉じて作業に集中するサポートをしてくれる無料アプリ
- iOSのみ
- 自分で集中したい時間を設定し、その時間を守れている間に魚がアイテムを集める
- そのアイテムを回収することで、魚を成長させたり、魚の種類を増やしたりできる
- 集中した時間をグラフにして見られるので、モチベーションアップにも効果的

●Forest - 集中力を高める

- スマートフォンに触らなければ木が育つ
- 松、桜、針葉樹など木の種類も豊富
- 集中した時間ごとにもらえるコインで本物の木も植えられる

●Flipd: focus & study timer

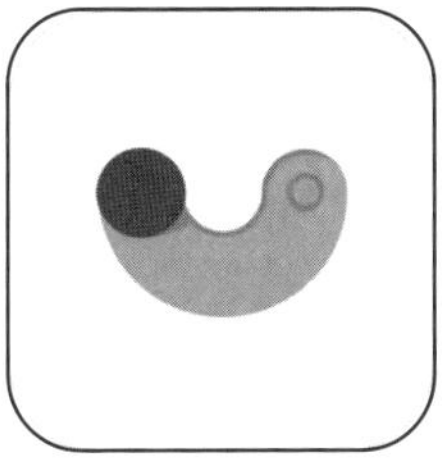

- タスクが終わるまでスマートフォンをロックして使えなくしてくれる
- 他のアプリを使うと通知で知らせてくれる
- スマートフォンに触らない時間を設定できる

●Collect（コレクト）- 作業集中アプリ

- 25分間スマートフォンを操作しないとお宝がもらえる
- 作業履歴を見て、どれだけ集中したかを振り返れる
- ランキングでユーザー同士競い合いながら頑張れる

気づいたら休憩時間を多く取ってしまっている

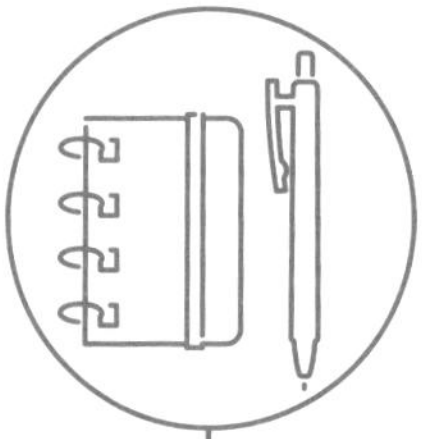

対策

- 適度な休憩をルーティン化する
- 自分に合った環境を整える
- 周囲からの刺激を軽減し、ご褒美を決めて衝動性を抑える

事例 少しの休憩が気づけば30分以上に……

2時間以上勉強して疲れたため、少し休憩することに。15分ほど休むつもりでベッドに寝転がっていたら、気づいたら30分が経過していた。今すぐ勉強を再開しなければいけないとわかってはいるが、先ほどの勉強で思ったより体が疲れてしまったため、もう5分休んだら起き上がろう……。そんなことを繰り返しているうちに、1時間以上も休憩してしまっていた。

寝転んでしまったら最後、時間を浪費してしまうことは何度も経験しているのに、どうしても自分を律することができない。

勉強への集中力やモチベーションが途切れずに、適度な休憩を取る方法はないのだろうか。

原因 疲れやすく、見通しを立てることが苦手

ADHDとASDに共通していることに、**「疲れやすいこと」**が挙げられる。

疲れやすくなる大きな原因としては、**「過集中」**と**「感覚過敏」**にある。

興味があることに対しては何時間も取り組み続けることができる「過集中」状態に陥ると、集中力が切れた際に多大な疲れが押し寄せる。

音や光など特定の刺激に敏感に反応する「感覚過敏」の症状がある人は、電球が明るすぎる部屋や、周囲が騒がしい環境で長時間勉強していると、知らぬ間にエネルギーを消耗していることがあるのだ。

　また、「**見通しを立てることが苦手**」なことも原因のひとつだ。

　見通しを立てることが苦手な原因としては「**時間感覚の弱さ**」が挙げられる。逆算して時間を正確に計算できずに長めの見積もりを取ってしまうため、「少しぐらい多めに休憩を取ってもいいだろう」と思う人が多い。その結果、十分な学習時間を確保できずに試験日を迎えてしまうことも少なくはないのだ。

　さらに、ADHDによる「衝動性」の傾向が強い人は、今「すべきこと」よりも、「やりたいこと」を後先考えずに優先する傾向にある。

　ASDの人の中には「こだわりが強い」人が多く、気になったことがあると「○○を調べ終わるまでは勉強を再開できない」と没頭することもある。

　このように感情や行動のコントロールが苦手な傾向にあるため、大幅に休憩時間を取ってしまうのだ。

解決法　過集中状態を避けるために、適度な休憩をルーティン化する

　「過集中状態が切れるとどっと疲れてしまう」状態を避けるためには、「疲れていなくても休憩時間を確保する仕組み作り」が欠かせない。そのためにお勧めなのが、「**アラーム機能**」だ。

　アラームアプリの中には、①音、②バイブレーション、③光など、さまざまな方法で知らせてくれる機能が搭載されているため、自分に合った方法を見つけてみてほしい。

　他にも、勉強時間と休憩時間の管理をする「**ポモドーロ・テクニック**」を取り入れたアプリがある。ポモドーロ・テクニックとは、イタリアの起業家兼作家であるフランチェスコ・シリロが発案した時間管理術のことだ。「ポモドーロ」はイタリア語で「トマト」を意味し、一説によるとシリロが学生時代に愛用していたタイマーがトマトの形をしていたことが由来とされている。

　ポモドーロ・テクニックの目的は「短い作業時間と短い休憩時間を繰り返すことで、疲れにくく集中力を保つ」ことにある。30分で一区切り(25分の作業時間と5分の休憩)とし、4ターン(2時間)ごとに30分の休憩をするように画面にタイマーが表示される。

ポモドーロ・テクニックを取り入れたアプリは多く存在するが、本書では時間管理とタスク管理ができる「**Focus To-Do**」を紹介する。1〜2時間通しで集中しなければいけない場合（本番と同じように過去問演習を解くなど）以外のタスクで、過集中防止や休憩のルーティン化に活用できる。

　また、休憩中はベッドやソファに横たわらずに、「適度な休憩」にとどめることも重要だ。休憩中にベッドやソファを見かけると横たわりたくなってしまう人も少なくないが、できる限りそれらが視界に入らないように工夫してみてほしい（かつて筆者自身も、お気に入りのソファを処分したことで、休憩時間の浪費を大幅に削減した経験がある）。

　横たわりたくなるのは体による疲労のサインでもあるため、軽くストレッチをして体をほぐしてみよう。

疲れやすい要素を減らすために、自分に合った環境を整える

「感覚過敏」の症状がある人が自身に最も適した環境を見つけるためには、**自身の疲れ・不快感につながる要素を洗い出すこと**が必要だ。

　感覚過敏の種類や度合いは人によってさまざまだが、気が散る光の明るさ、周囲の音やモノ、座りにくい椅子、自身の肌に合わない服の素材などについて、苦手な状態・環境があるか考えてみてほしい。

　視覚への刺激で疲れやすい人は、第4章の「勉強に集中できない（視覚編）」、聴覚への刺激で疲れやすい人は、第4章の「勉強に集中できない（聴覚編）」を参考にしてみてほしい。

周囲からの刺激を軽減し、ご褒美を決めて衝動性を抑える

衝動性を抑えるために、「周囲からの刺激を減らす」ことと「ご褒美を決める」ことも有効な対策だ。

　衝動性傾向が現れる背景には、外部からの刺激や情報によってやりたいことを思いつく（思い出す）ことが多い。

　たとえば、本棚が視界に入ったことで読もうとしていた本が思い出され、勉強そっちのけで本を読み始める、カフェで好きなアーティストの曲が流れていたことで、アーティストが新曲を出していたことを思い出し、長時間のネットサーフィンを始めてしまう、などが挙げられる。

　思わぬ時間浪費を防ぐためにも、卓上パーティションやデスクマッ

ト環境、ノイズキャンセリング機能が搭載されたイヤホン・ヘッドフォンを活用してみてほしい。

　また、些細なご褒美を決めると、勉強を再開するまでの切り替え時間が短くなる可能性がある。

　たとえば、「次の30分を頑張れば、アイスを1つ食べよう」「今日の勉強スケジュールを計画通りに進めることができたら、ほしかった○○を買おう」といったご褒美があると、その日の気分が高まるかもしれない。気分が高まるとタスクを後回しにする「先送り症」の防止にもつながる。

　誰にでも気分が乗らないときや、やる気が出ないときはあるだろう。そんなときは、これまで頑張ってきた自分を労い、モチベーションを上げるためのご褒美を考えてみよう。

ポモドーロ・テクニックのやり方

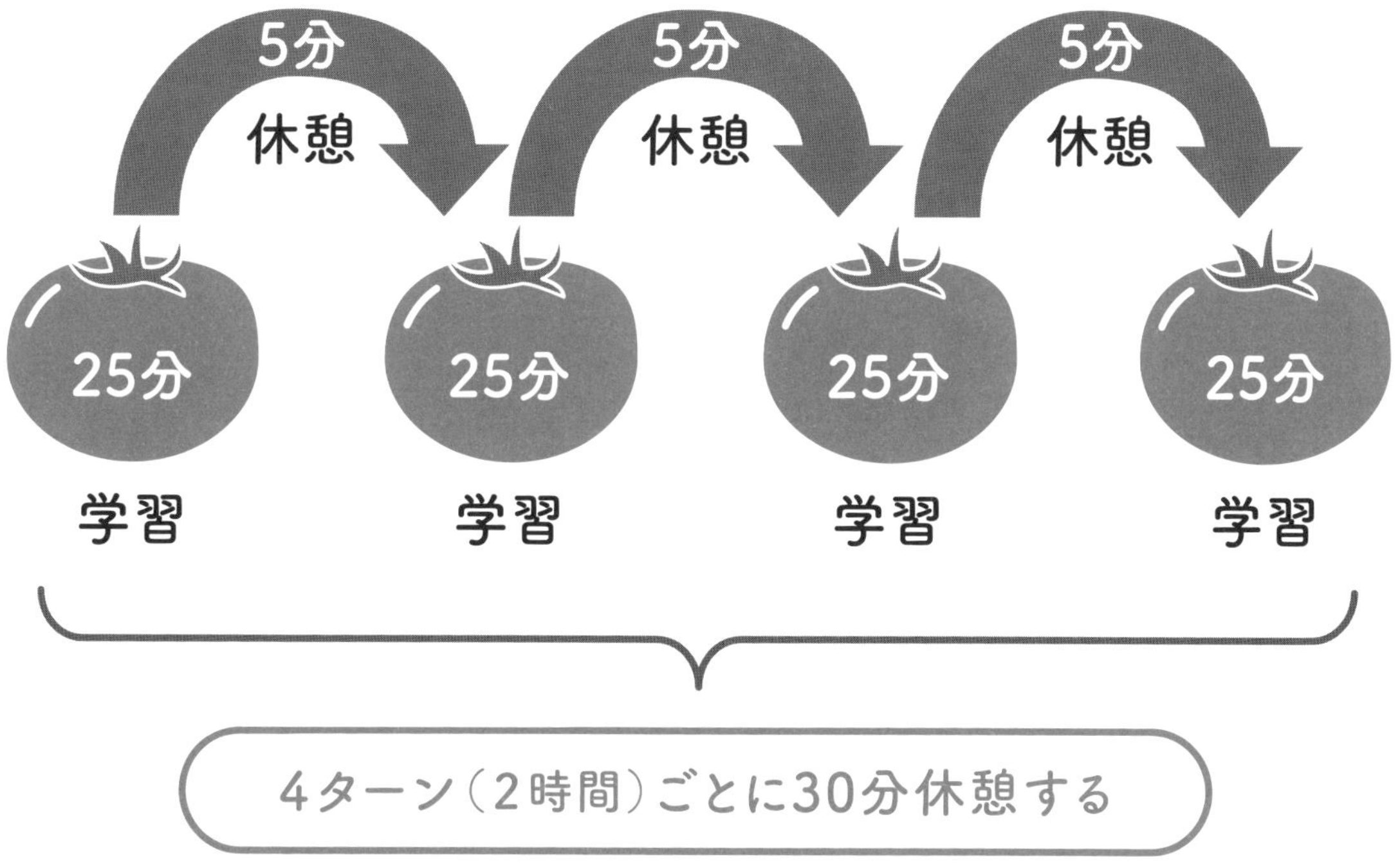

「Focus To-Do」の使い方

1 https://www.focustodo.cn/#productsにアクセスし、ダウンロードと登録をする（画像はChrome拡張版）。

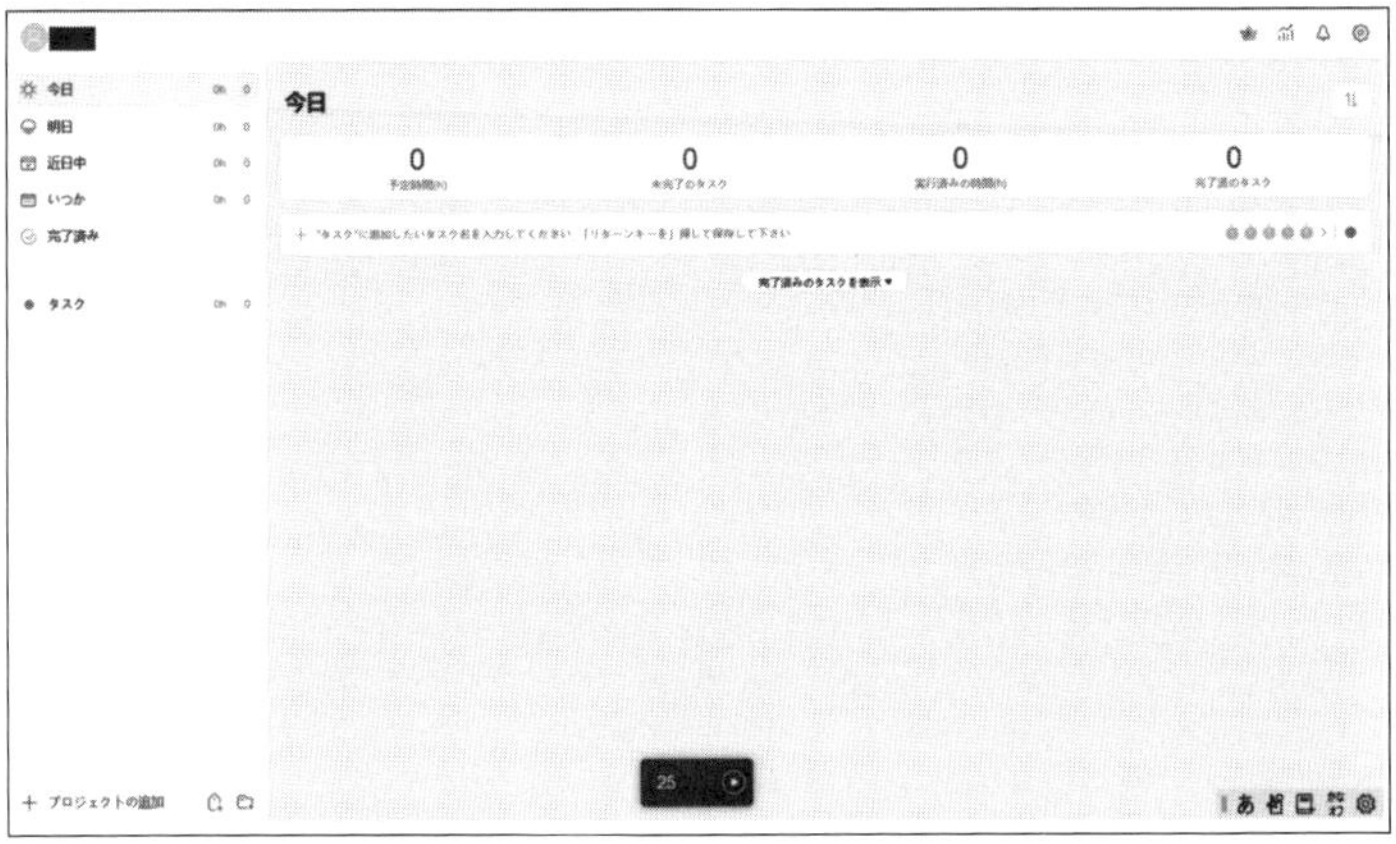

2 左下の「プロジェクトの追加」を選択し、プロジェクト名を記入する。

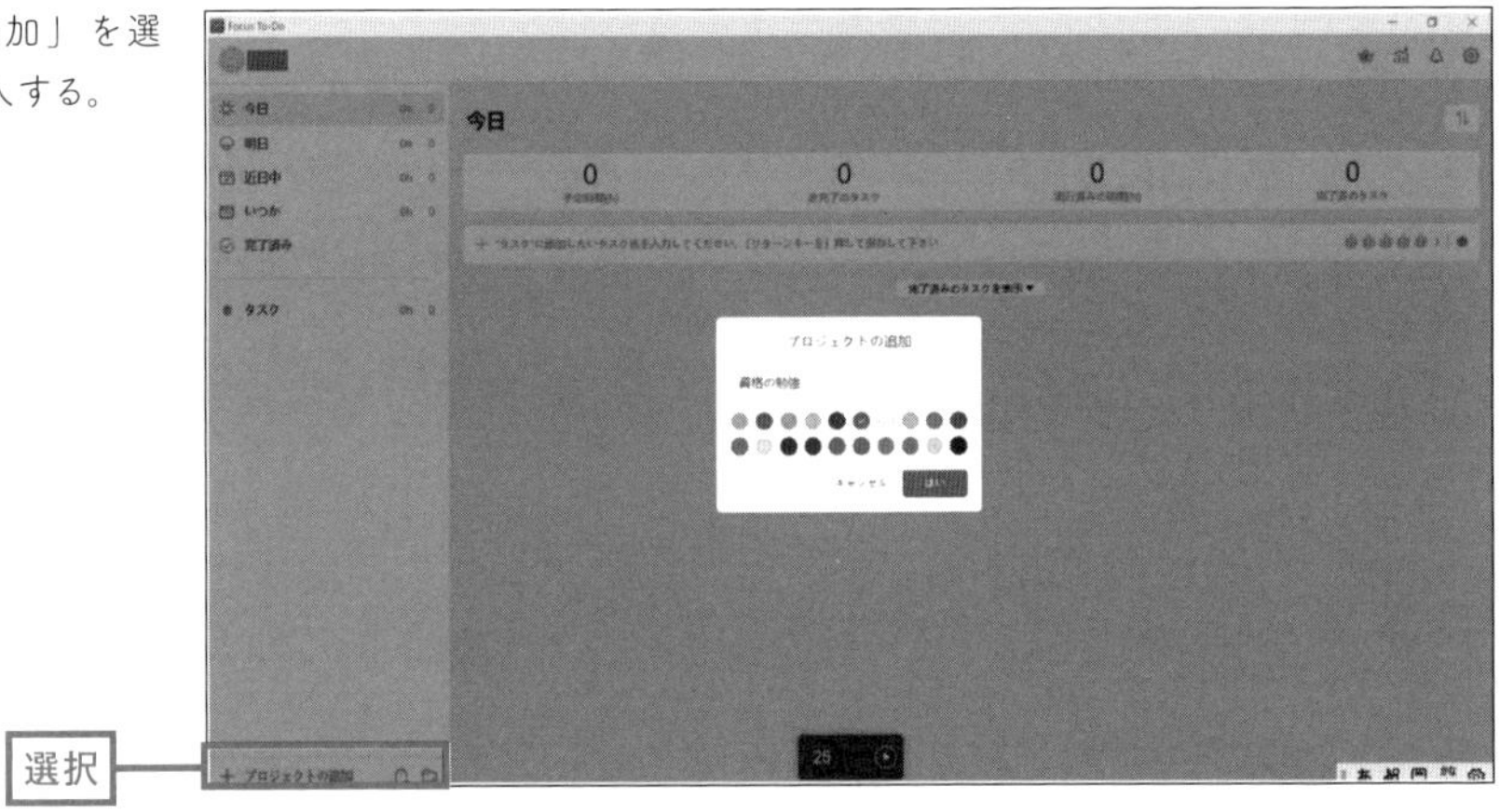

3 プロジェクトを登録したら、25分間のタイマーが開始される。残りの時間が下の赤枠で表示される。プロジェクトの中でタスク設定も可能。

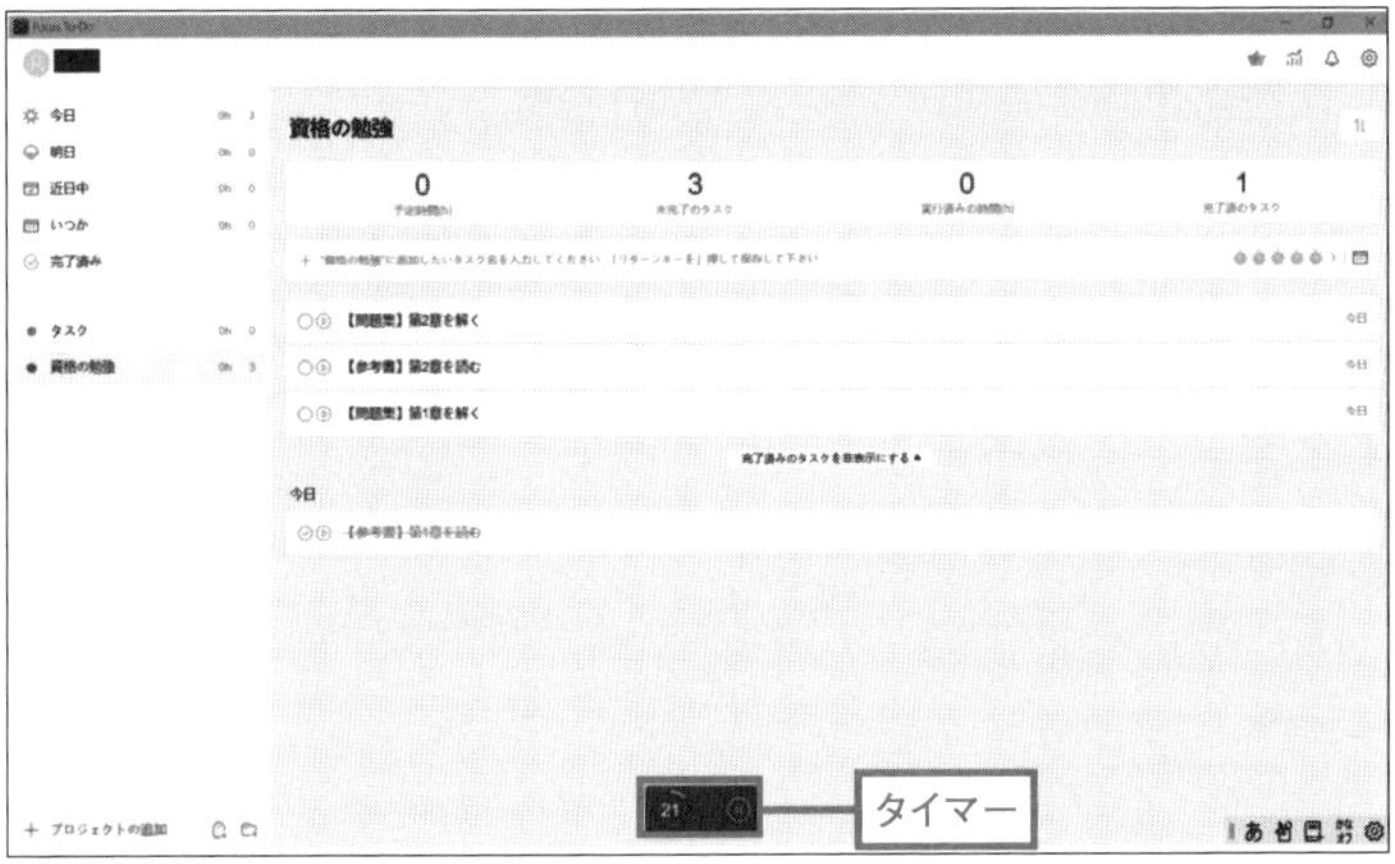

4 タスク追加では、「期限」、「リマインダー」、「繰り返し」、「サブタスク」の設定が可能。完了したタスクの表示もできるため、自分の頑張りが可視化される。

5 25分が経つと、通知が表示され、休憩のための5分タイマーがセットされる。

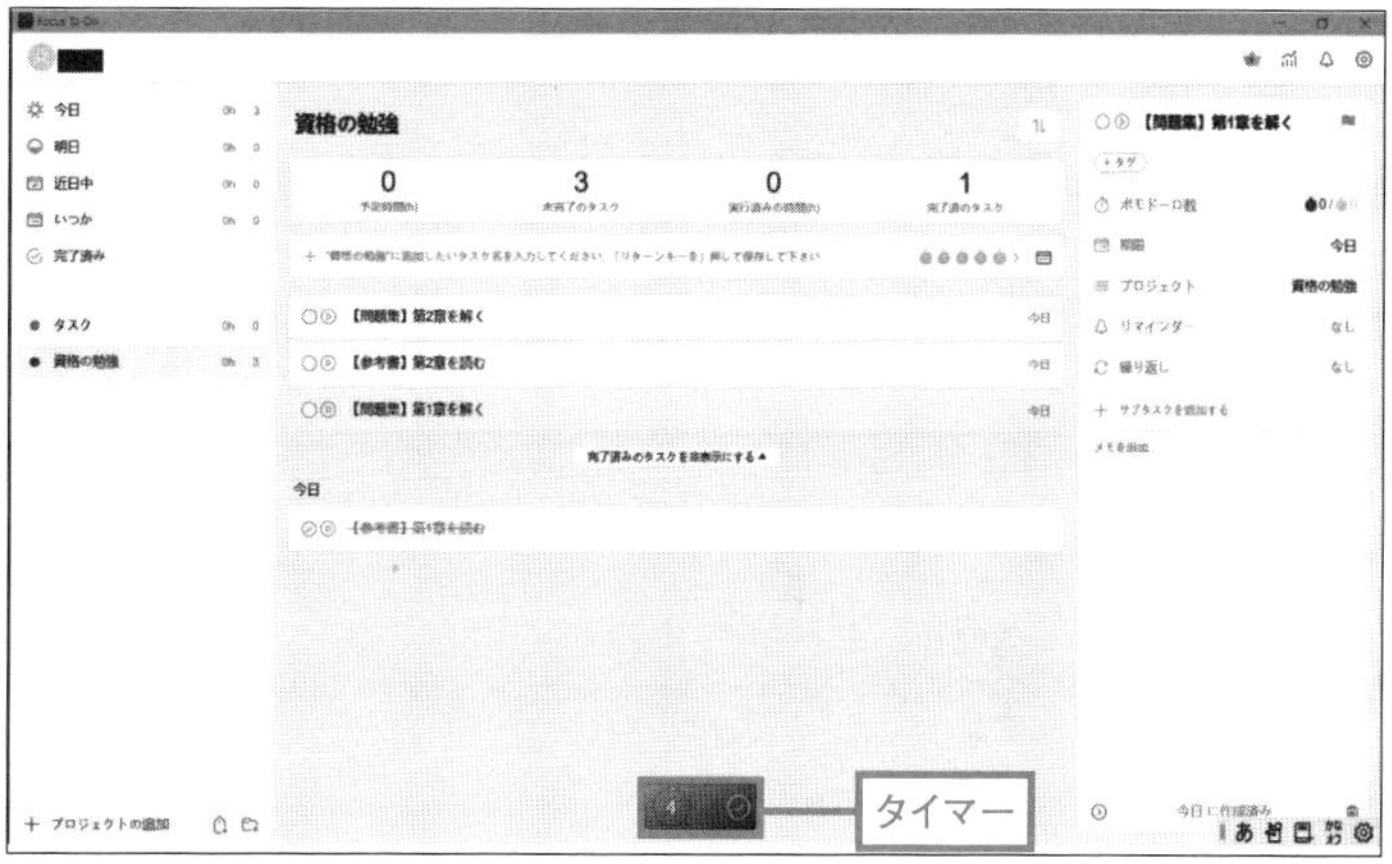

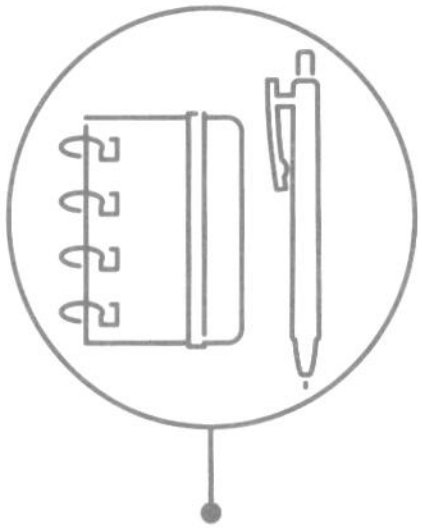

集中するまでの時間が長く、隙間時間の活用もできない

対策

- 短時間で集中するための「仕組み作り」をする
- 外部からの刺激を遮断し、勉強に集中できる環境を用意する
- 勉強モードに切り替えるためのルーティンを決める
- 時間ごとに行う勉強内容を整理する

事例　勉強に集中するまでに時間がかかってしまう

仕事やプライベートのタスクで忙しい中、資格の勉強もするとなると時間の使い方や勉強の質を高くすることが重要になってくる。「短時間で集中して知識を身につける力」が大切であると理解はしているが、勉強時間を十分に活用できている自信がない。

たとえば、机に向かってからの15分は、机にある些細な汚れが気になって片づけを始めたり、飲み物の準備をしたりとすぐに集中できない。

勉強モードへの切り替えが苦手なため、電車の移動時間など日々の隙間時間の活用もできていない。すぐに集中して勉強するためにはどうしたらよいだろうか。

原因　不注意と過集中によって、意識が向くまでに時間がかかる

ADHDの特性のひとつである「不注意」という特性を持つ人は、**1つのことに集中するまでの間に、さまざまなことが気になってしまう**傾向がある。そのため、目の前の参考書に集中しようと思っていても、知らぬ間に別のことに意識を取られ、予定外のことに取り組んでいることがある。

さらに、**他のことに集中していると意識を変えづらい**という特徴もある。つまり、過集中のあまり、他のことを考えづらくなるのだ。

そうした意識の移り変わりの連続によって、勉強モードになるまでに時間がかかるのだ。

解決法　短時間で集中するための「仕組み作り」をしよう

「今すぐに集中しなきゃ」と思った瞬間に、脳を即座に勉強モードに切り替えることは簡単ではないが、「スムーズに集中できるようにする仕組み化」は行うことができる。

ここでは、スムーズに勉強モードに切り替えるためのポイントをお伝えする。

外部からの刺激を遮断し、勉強に集中できる環境を用意する

不注意特性が強い人にまずお勧めなのは、**集中するまでの間に「意識を取られない環境」を作ること**だ。特に視覚・聴覚における刺激によって意識が取られることが多いため、外部からの情報を遮断できる工夫を紹介する。

目に見えるもので意識が移りやすい人は、周囲にあるモノや人の動きが見えづらくなる卓上パーティションやデスク学習マットがお勧めだ。また、机の上には勉強に必要なもの以外は置かないようにしよう。

外の音や人の話し声で意識が移りやすい人は、ノイズキャンセリング機能が搭載されたイヤホンやヘッドフォンの着用を試してみてほしい。

勉強モードに切り替えるためのルーティンを決める

外部の刺激に邪魔されづらい環境を作った後は、短時間で勉強モードに切り替わるための仕組み作りをしよう。

そこで試してほしいことは、**「勉強前のルーティン」を決めること**だ。たとえば、「5分ストレッチをする」「コーヒーを1杯飲む」「リラックスできるフレグランスミストや香水を振りかける」「好きな曲をかけている間に勉強の準備をする」などが挙げられる。

ここで大事なのは、①簡単に始められることと、②継続できることであり、ルーティンの内容は何でもよい。

「○○をしたら、勉強をする」という流れを何度も繰り返しているうちに、頭や気持ちを勉強モードに切り替えるためのスイッチとしての役割を担ってくれるようになる。

また、勉強内容の順番は高度な集中力を要さないものから始めると、勉強を開始する際のハードルや負担が少なくなる。はじめは暗記系の勉強を行い、徐々に勉強モードに切り替わってから長文読解や演習問題に取り組んでみてほしい。

時間ごとに行う勉強内容を整理する

隙間時間の活用にお勧めなのが、**時間に合わせた勉強方法を整理すること**だ。

あくまでも一例だが、英語学習を例に挙げると左のように整理できる。

隙間時間に合わせた勉強の整理

- 1〜5分；英単語の暗記
- 15分；英語ニュースを読む
- 30分；参考書を○ページ進める
- 1時間；過去問演習、参考書の長文読解
- 移動時間；リスニングの音声を聴く

一度整理してメモすることで、隙間時間から逆算して何ができるのかを把握でき、やるべきことが明確になる。カレンダーに登録しておけば、隙間時間の活用も予定できる。グーグルカレンダーを活用したスケジュールの立て方については、第1章の「スケジュールが立てられない」を参照してほしい。

突然空き時間ができたとしても、メモを読み返せば、すぐに勉強時間に当てることが可能だ。このように、数分の隙間時間も上手に活用することで、忙しい日々の中でも勉強時間を確保できるのだ。

隙間時間には学習アプリの活用がお勧め

英語学習アプリには、短時間で完結するクイズ形式の問題が多く用意されている。スマートフォンがあれば手軽に始めることができるため、参考書を持ち運びたくない人のための外出時の勉強法としてもお勧めだ。

次ページに代表的な英語学習アプリを挙げたので、自分に合ったものを探してみてほしい。

代表的な英語学習アプリ

●スタディサプリENGLISH

- TOEIC対策に特化したアプリ
- 5分前後の解説動画や、実戦問題集がパートごとに区切られているため、短時間で学習を進めることができる
- すべてのコースを7日間無料で使用できるお試し期間あり

●mikan

- 英単語を素早く暗記することに特化したアプリ
- TOEIC・海外留学・日常英会話・英検などのカテゴリに分かれている
- 無料版ではmikanが用意した教材のみ使用でき、有料版では書籍として出版されている知名度の高い教材も使用できる

●Duolingo

- 世界1億2,000万人が利用するアプリ
- 英語の文法や単語、発音がゲームのように学習できる
- リーディングから、リスニング、スピーキングまで、幅広い学習コンテンツがある

●英語物語

- RPGのストーリーを進めながら学習するアプリ
- 敵と戦うたびに問題が出題される
- ゲーム感覚で学習できるので、挫折しにくく続けやすい

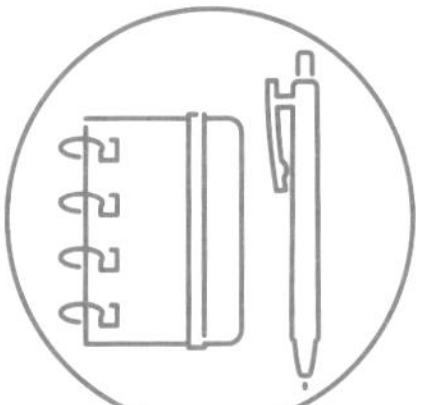

参考書をたくさん買いすぎてしまう

対策

- ○参考書を「購入しづらい」仕組みを作る
- ○持っている参考書をコツコツ進めるために、進捗を可視化する

事例

目移りしていくつもの参考書を買ってしまい、どれも中途半端に

今やっている参考書、まだ全部終わっていないけれど、ちょっと飽きてきた。もしかすると自分に合っていないのかもしれないと、新しい参考書を探してみることに。

アマゾンを見ていると、有名大学の教授が執筆している参考書が目に入った。目次を見たところわかりやすそうだったのですぐに購入してしまった。

すると、数日後に同じ資格試験の勉強をしている友人がSNSで「これとてもわかりやすいのでお薦めです!」と、ある参考書を紹介しているのが目に入った。成績優秀な彼が言うならば間違いがなさそうだ。そう考えて、こちらの参考書もその場で注文した。

数日後、2冊の参考書が家に届いた。机に並べてみたものの、どうもやる気が起きない。頑張ってやってみたが、すぐに飽きてしまう。結局手元には手をつけていない参考書がたまってしまった。

原因

後先を考えず、衝動的に購入ボタンを押してしまう

ADHDの大きな特性のひとつに、思いついたことをすぐに行動に移したくなる「**衝動性**」がある。アマゾンなどのネットショップで「合格間違いなし」「わかりやすさナンバーワン」といったセールス文句を見ると、「ほしい」という気持ちを抑えきれず、衝動的に購入してしまう。

「本当にこの参考書が自分に合っ

ているのか」「今持っている参考書が終わってから購入すればいいのではないか」などと検討する前に、購入ボタンに手が伸びてしまうのだ。

いざ、参考書が届くと我に返り、山のような参考書を呆然とした気持ちで見つめた経験のある人は多いのではないだろうか。

解決法 衝動的な購入を防ぐとともに、今の参考書をコツコツ進める方法を考える

解決のポイントは衝動的な購入を防ぎ、今持っている参考書をコツコツ進める仕組みを整えることだ。

「購入しづらい」仕組み作り

衝動性が強い場合、「購入したい」という気持ちが生まれること自体を抑えるのは難しい。そこで重要なのが、**衝動性が生まれても「購入しづらい」仕組みをあらかじめ作っておくこと**だ。

最近の書籍購入サイトでは、クレジットカード番号の保存ができ、ワンクリックで購入できるようになっていることが多い。しかし、あえて番号を保存せず、ほしいときはわざわざ番号を入力するようにしておく。この一手間があるとわずらわしさを感じ、購入の歯止めになる可能性が高い。

また、アマゾンで書籍を購入している場合、**「ほしい物リスト」機能**も便利だ。即「購入ボタン」をクリックするのではなく、「ほしい物リスト」に取りあえず入れておくことで、数日後に落ち着いて見直すことができる。このリストは他の人にも公開できるため、家族や友人に共有しておくことで、買う必要性を客観的な視点から判断してもらうこともできる。

持っている参考書をコツコツ進めるために、進捗を可視化する

次々と新しい参考書を購入してしまうのは、現在持っている参考書をコツコツと進められず、つい

ページ右下の「リストに追加」をクリックすると「ほしい物リスト」に登録される

「新しい参考書を買えば、取り組めるかもしれない」という気持ちが生まれてしまうからでもある。しかし、いくら新しい参考書を買ったところで、地道に学習を進められなければ意味がないことはいうまでもない。

しかし、ADHDの場合、物事に飽きやすく計画性を持って学習を進めることが難しい。そこでお勧めなのは、**参考書の進捗を記録しておくこと**だ。進捗が目に見えると学習意欲を継続して持ちやすくなる。ここでは「Studyplus」という学習記録サイトで、学習の進捗を登録する方法を紹介していく。

「Studyplus」の特徴は、自分が勉強した日付や内容、時間に加えて、使用した教材を登録できることだ。教材登録機能によって、自分が持っている教材や進捗を把握できる。

Column

再就職をするなら、どんな資格を取るのがいいの？

就労支援事業を行っていると、「会社を発達障害の二次障害が原因で退職した。再就職のために有利になるように資格を取りたい。どのような資格を取ればいいか」と相談を受けることがある。

そういった相談を受けたときに、大きく２つの視点から答えるようにしている。１つ目は、「その資格を取ることで本当に就職が有利になるのかをあらかじめ調べておく」ことだ。

資格と一言でいってもさまざまな種類がある。なかには就職に直結しない資格もあるだろう。もちろん自身のスキルアップのため、もしくは自信をつけるために資格を取りたいならば、それでもよい。しかし、就職活動で有利になるような資格を取りたいと考えている場合は、「その資格を保持すると特定の職種で就職が有利になるのか」「その資格を取った人のうちどのくらいが就職できているのか」などを事前に調べたほうがよい。

もうひとつ、資格を取りたい人にお勧めしていることがある。それは、「その資格を取って就職した場合、その職種の業務が本当に自分に向いているか」をあらかじめしっかりと考えておくことだ。資格を取って就職を考える際には「給与はどれくらいか」「資格試験の難易度はどれくらいか」を考えがちだ。しかし、苦労して資格を取っても、その職種の業務が自分に合っていなければ意味がない。たとえば、顧客の細かな感情を読み取る必要がある接客業は、もしかすると「人付き合いが苦手だ」と感じているASDの人にとっては苦労する面が多いかもしれない。また、マルチタスクや素早いスピードでの作業が求められる仕事は、ADHDの人にとって苦手感を強く抱くことになってしまうだろう。

「やりたい」という気持ちはもちろん大切だが、本当にその職種は自分に向いていそうなのか（もしくは苦手な業務が多くなさそうか）を考えておくといいだろう。そうしなければ、「苦労して資格を取ったけれど、全然自分に向いていなかった」ことになりかねない。

もちろん現時点で「コミュニケーションが苦手だから」といって、取りたい資格を諦める必要はない。その職種にどうしても就きたいという意志があるのであれば、就労移行支援事業所に通うなどして、自分の苦手を緩和するためのスキルを獲得したり、得意なことでカバーする方法を学んでおいたりするといいだろう。

「Studyplus」での学習の進捗の登録法

1 検索サイトで「Studyplus」と入力し、サイトを開く。

2 まだ会員登録していない場合は、登録を行う。

3 画面左上の「メニューボタン」から「学習を管理する」をクリックする。

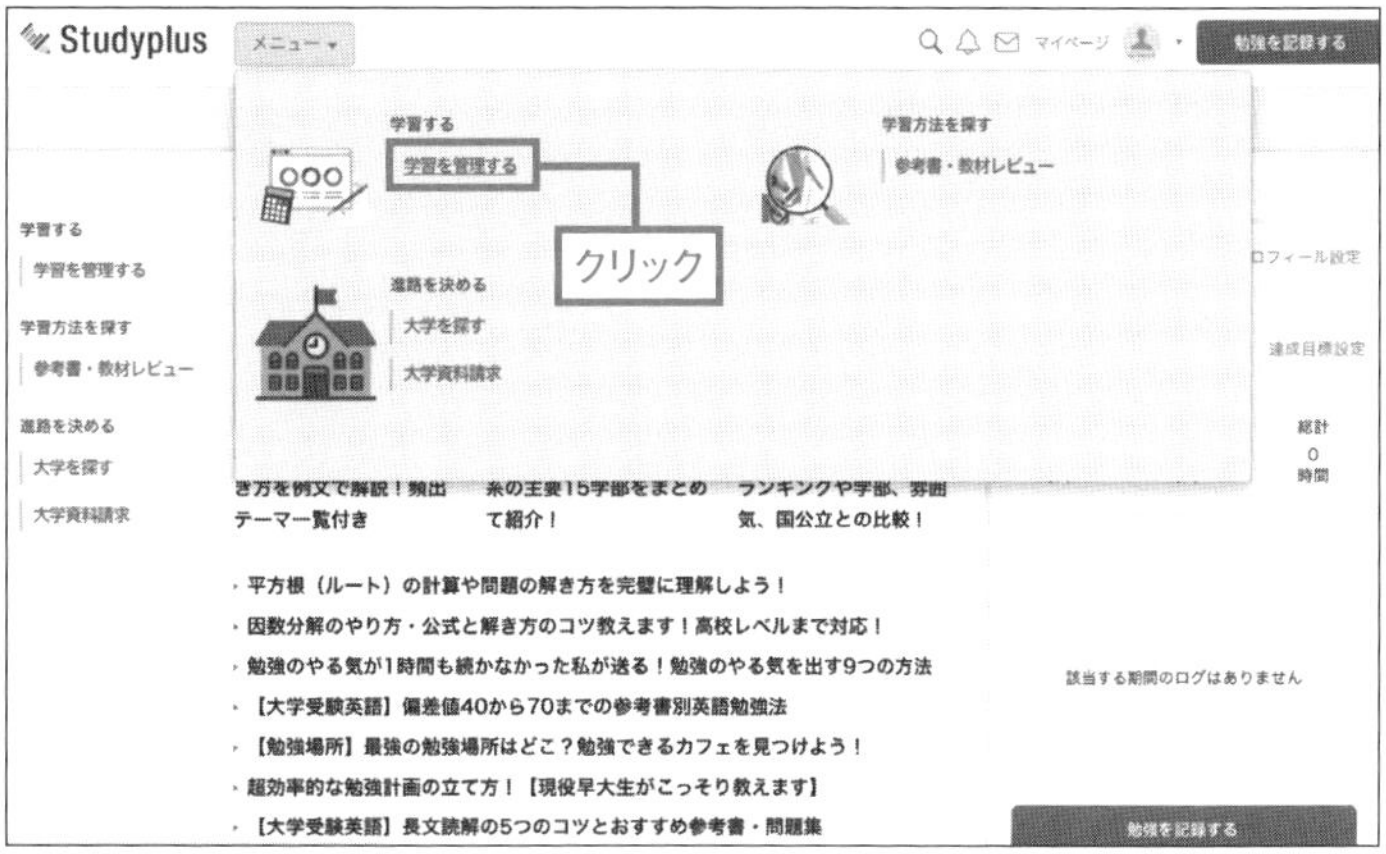

4 「勉強を記録」画面で学習時間や学習ページ数を記入する。

5 記録した学習時間やページ数は、管理画面で確認できる。また、TwitterやFacebookと連携することでワンクリックでSNSに今日の学習時間を投稿することもできる。進捗を可視化するだけでなく、他者にも進捗を見えやすくしていくことで、学習へのモチベーションを持続しやすくなる。

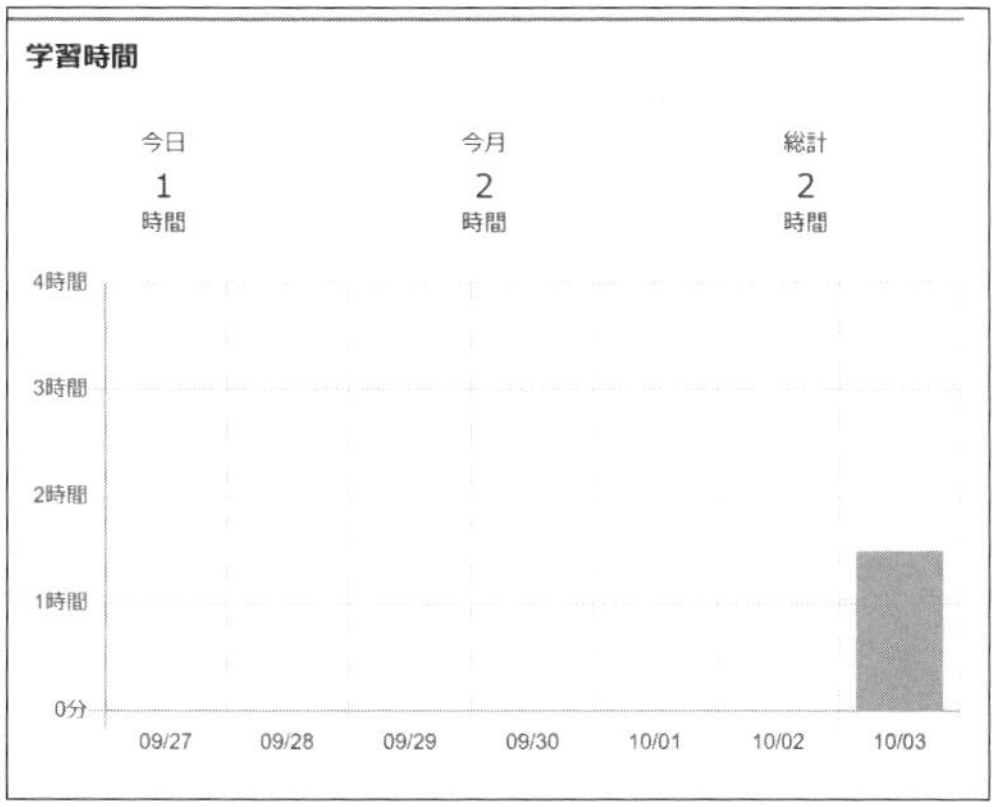

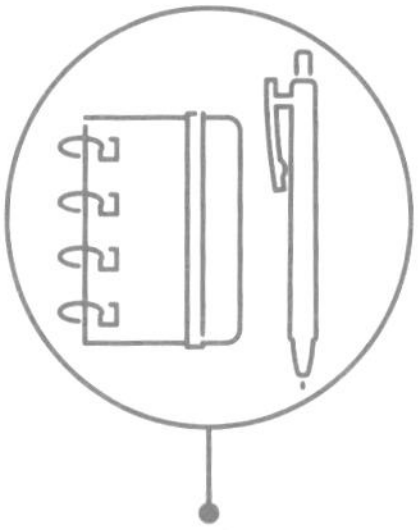

完璧主義のため、なかなか問題集が進まない

対策

- 問題集の正しい進め方をマスターする
- 間違えてしまう自分を責めない
- できていないところではなく、できているところに注目する

事例 完璧にわかるようになるまで次の章に進めない

問題集を買ってからしばらく経つが、いまだに1章しか終わっていない。章の最後についている章末問題で満点を取れたら次の章に進もうと思っているのだが、なかなか満点が取れないのだ。

間違えた問題は解説を読んで完璧に理解しておきたいと思うものの、解説を読んでいるとわからない単語が出てきてしまうことも。すると、調べるのに時間がかかってしまう。ずっと1章をやり続けていても試験には合格できないとわかっているのに、なぜなかなか次の章に進めないんだろう……。

原因 ASDの人は完璧主義傾向が強い

ASDの傾向として、**強いこだわり**が挙げられる。白か黒かの二者択一になりやすいため、1問間違えただけで「できなかった」と結論づけてしまい、100点が取れるまで満足できないのだ。完璧主義ともいえるだろう。この特性が原因で、なかなか問題集を前に進めることができず、結果的に最後まで学習範囲が終えられない……なんてこともある。

大切なのは「1つの単元を完璧にする」ことではなく、「試験範囲全体を6~8割程度理解する」ことだ。1つの単元で満点が取れても、他の単元でまったく点が取れなければ意味がない。完璧主義的な考え方も必要ではあるが、まずは8割でも一通りやりきることを目標にしてみよう。

一方で、反対に完璧主義傾向が強すぎて、**自分の間違いを認められない**人もいる。ミスがあると極端に落ち込んだり、怒りがわいてきて冷静に問題に取り組めなくなってしまうのだ。結果として、見直しも避けてしまうので、点数も上がらない。勉強はできないことをできるようにするためのものなので、これでは本末転倒だ。

いずれにしても完璧主義は学習を効率的に進める上で、大敵となることはわかってもらえただろう。

解決法　完璧主義に陥らないための工夫をする

「完璧主義的な考え方をしないようにしよう」と言われても、どうしたらよいのかわからない人も多いのではないだろうか。

そこで本節では完璧主義に陥らないための工夫を伝えていこう。

問題集の正しい進め方をマスターする

完璧主義傾向が強い人は、「一度できた問題でも、時間が経ったらまたできなくなっているのではないか」という不安から、何度も同じ問題を解いてしまうことがある。しかし、大切なのは**一通り学習範囲を終わらせること**だ。

そこで、まずは「完璧主義に陥らず問題集を進めることができる具体的な手順」を解説する。ASDの人は「手順に従って進めることが得意である」という特性を持ち合わせていることが多い。だまされたと思って、ぜひこの手順に従って、学習を進めてみてほしい。

①まずは、今まで通り問題集の1章を解いてみる。その後、間違えた問題に関しては、問題番号の横に「×」をつけておく

②翌日以降、「×」がついた問題だけ解き直す。それでも間違えてしまった問題に、また「×」をつける

③その章に「×」がなくなったら、次の章に進み同じことを繰り返し、問題集を一通り終わらせる

この手順に従って問題集を進めていけば、「できている問題を何度も解いてしまう」を避けられるだろう。

何度もいうが、大切なのは「1つの単元を完璧にする」ことではなく「試験範囲全体を6～8割程度理解する」ことなのだ。

間違えてしまう自分を責めない

一方で、完璧主義傾向が強すぎると「間違える自分はバカだ」「ダメなやつだ」といった想いがわき上がり、極端に落ち込んだり、怒

りがわいてきたりすることがある。完璧ではない自分と向き合うことが難しく、見直しを避けることで、結果として学習が進まなくなってしまう。

　そこでお勧めしているのが、**認知枠組みを変えること**だ。具体的には、次のように考える。

「間違えてしまう自分はバカだ」↓「今、間違えたことで本番は間違えずに済む」

「間違えてしまう自分はダメだ」↓「知らないことを1つ覚えて成長した」

「完璧でないと許せない」↓「間違えた問題を早く見直したほうが完璧な状態に近づけるはずだ」

　すぐにこうした認知に変えていくのは難しい。しかし、ネガティブな感情がわき上がったときには、それをリフレーミング（事象の捉え方を変えること）して、ノートに書いていくとよい。そうすると、徐々に完璧主義を緩和していく手助けになるだろう。

　また、間違えた部分に「×」ではなく「☆」などのマークをつけるようにしてもいいだろう。「×」は「できていない」という否定的なイメージがあるため、落ち込みや怒りを増長させてしまう可能性があるからだ。「そんな小さなことで」と思うかもしれないが、人間の脳は意外と単純だ。「間違えた」という事実へのネガティブな認識を、こうしたちょっとした工夫で変えていけるとよい。

できていないところではなく、できているところに注目する

　完璧主義であるがゆえに、少しでもミスをすると学習へのモチベーションを失ってしまう人も多い。その場合は、**できないところではなく、できているところに着目する**のが大切だ。

　たとえば、模試を受けて前回よりも何%点数が上がっているのかを比較する。学習進捗を管理するアプリを用いて累計学習時間がどの程度増えているのかを確認する、といった方法がそれに当たる。

　特にASDの人は数字への興味が強いことも多く、数字を見ると理解したり、納得したりしやすくなる傾向がある。模試の点数の上昇率や累計学習時間の増加を数字で見ることで、「できている部分もあるのだな」と納得しやすくなるかもしれない。

　試験日が近づくにつれて、不安や焦りが強くなることもあるだろう。そんなときのために、勉強後には**「できるようになったこと」を箇条書きにしておくこと**もお勧めだ。気分が落ち込んだときはこれまでの頑張りを振り返り、前向きな気持ちに転換しよう。

完璧主義に陥らないための工夫

STEP 1 問題集で同じ問題を何度も解かない

- 間違えた問題に関しては、問題番号の横に「×」をつける
- 翌日以降、「×」がついた問題だけ解き直す
- それでも間違えてしまった問題に、また「×」をつける
- その章に「×」がなくなったら、次の章に進む

STEP 2 間違えてしまう自分を責めないように、認知の枠組みを変える

- 「間違えてしまう自分はバカだ」→「今、間違えたことで本番は間違えずに済む」
- 「間違えてしまう自分はダメだ」→「知らないことを1つ覚えて成長した」
- 「完璧でないと許せない」→「間違えた問題を早く見直したほうが完璧な状態に近づけるはずだ」

STEP 3 できていないところではなく、できているところに注目する

- 模試を受けて、どのくらい点数が上がっているか確認する
- 学習進捗管理アプリで学習時間を計測し、累計学習時間を確認する

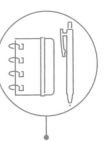

自宅で学習できない

対策

- 自分に合った勉強場所を探す
- 友人と監視し合う
- ユーチューバーの作業動画を見て、一緒に頑張っている気持ちになりながら取り組む

事例　自宅には集中しづらい要因がたくさんある

資格試験に向けて休日に勉強をしている。しかし、自宅だとどうも集中できない。ベッドに寝そべってしまったり、気づくとゲームをしてしまっていたり……。最近では近所で工事が始まったので、その音も気になってしまう。

とはいえ、近所のカフェも隣席で話している人たちの声が気になって集中できない。いったいどこだったら集中して勉強できるのだろうか。

原因　衝動性や感覚特性が集中の妨げに

ここまで説明してきたようにADHDの場合、「**衝動性**」によって考える前に行動に移してしまう特性がある。そのため、ゲームや漫画が目に入ると衝動的に手に取ってしまうこともある。そのため、さまざまな誘惑がある自宅で学習を進めるのは難易度が高い。

一方、ASDの人は「**感覚過敏**」によって、自宅では工事音が気になることもあれば、カフェでは話し声が気になることもある。また、視覚過敏の場合は照明が明るい場所では、勉強がしづらいこともある。

解決法　自分に合った勉強場所を探そう

そこで重要なのが、**自分に合った勉強場所を見つけること**だ。自宅や図書館、カフェ、コワーキングスペースなど、近所のさまざまな場所で実験的に勉強をしてみて居心地のよい場所を見つけてみよう。

　その際、ただ適当にさまざまな場所で勉強するのではなく、それぞれの場所での集中時間や進捗、集中しやすさなどをメモしておこう。そうすると、後から振り返ったときに自分にとって効率的に学習を進めやすい場所を客観的に判断できるからだ。

　同じ場所であったとしても平日と土日、時間帯などによって混み具合や騒音の度合いなどが変わり、集中のしやすさが異なることもある。

　ある程度データがたまったら、そのメモを分析して、曜日や時間帯によって最も集中しやすい場所を客観的に判断するといいだろう。

友人と「監視し合う」ことで集中力アップ

　カフェや有料自習室を活用するにはお金がかかり、日常的に利用するのが難しい人も多いだろう。また、住んでいる地域によってはカフェや自習室が遠く、距離的に通うのが難しい人もいるはずだ。「どうしても自宅で学習を行わなくてはならない」という人はどうしたらいいのだろうか。

　視覚過敏や聴覚過敏といった感覚特性に配慮した学習環境の作り方については「勉強に集中できない（視覚編）」で解説したので、ぜひ見てもらいたい。ここでは、ADHDの特性である「衝動性」に配慮した学習環境の作り方について説明していく。

　ADHDの場合は衝動性のために、勉強していたはずなのに、気づいたら漫画やゲームをしていた……という状況に陥りやすい。この対策としてお勧めなのが、スカイプやLINE通話、ZOOMなどで友人と通話をつなぎ、**勉強をやらざるをえない環境を作ること**だ。

　このような「誰かに見られている」状態は有効な抑止力として働く。友人とある意味「監視し合う」

場所ごとの勉強のしやすさをメモしておく

●月×日

・場所；駅前のカフェ
・集中時間；1時間
・進捗；テキストP3～12
・集中しやすさ；
電車の音が聞こえて集中しづらい

→集中度；C

●月×日

・場所；図書館
・集中時間；2時間
・進捗；テキストP16～32
・集中しやすさ；
平日はあまり人もいないので、集中しやすい

→集中度；A

環境を作ることで、集中せざるをえなくなるのだ。

とはいえ、同じ時間帯に学習に取り組む友人が見つからないケースもあるだろう。その場合に使えるアプリも紹介しておこう。「先延ばし」を克服する自分監視アプリ「**JAILER**（ジェイラー）」だ。

使い方は簡単だ。あらかじめ集中したい時間帯をアプリで予約しておき、その時間帯にスマートフォンで自分を映しながら学習を行う。すると、自動的にプログラムが対象者を観察し、違う行動を取っていたり、長時間席を外していたりするとアラートを出してくれる。

どうしても自宅で学習を行わなくてはいけないが、なかなか集中できない人はこうしたアプリを活用してみるのもひとつの手だろう。月15時間まで月額3千円のライトプランから、使い放題月額7500円のスタンダードプランなど、プランが選択できるようになっている。

また登録から1週間は無料でアプリを活用できる。まずは使い勝手を確認した上で、うまく活用できそうならば使ってみるのがいいだろう。

YouTuberの作業動画を見て、一緒に頑張っている気持ちになりながら取り組む

誰かと一緒に集中して勉強することが好きでも、常に一緒に勉強できる人を見つけるのは難しいだろう。そんなときは、ユーチューブで「**Study with me**」と検索してみてほしい。

「Study with me」とは、ユーチューバーがもくもくと勉強・仕事に集中している姿が定点観測で長時間映されている動画を指しており、国内外問わずさまざまなユーチューバーが動画をアップしている。まるで一緒に勉強しているかのような気分を味わえるため、学校の定期試験が近づく学生や、資格取得の勉強をしている人全般に人気の企画だ。

特定の分野の学習方法や試験のテクニック紹介に特化している「教育系ユーチューバー」「学習系ユーチューバー」と呼ばれる人たちの中には、「Study with me Live」として、ユーチューバーと視聴者が同じ時間に勉強をするためだけの配信もあるほどだ。

会話をするのではなく頑張る時間を共有することで「私も○○さんや他の視聴者のように集中しよう」と一体感を生み出し、視聴者のモチベーションアップにつなげるのが狙いだという。好きなユーチューバーがいる人はぜひ一度調べてみてほしい。

なお、動画を流す際は集中力が途切れないためにも、通知設定は切っておこう。

「JAILER」の無料アカウント登録の方法とトライアル利用の手順

1 https://www.jailer.jp/にアクセスし、「無料アカウント登録」をクリックする。ユーザー名、メールアドレス、パスワードを登録し、新規アカウントを作成する。

2 登録したメールアドレスに確認メールが届くので、本人確認を行う。

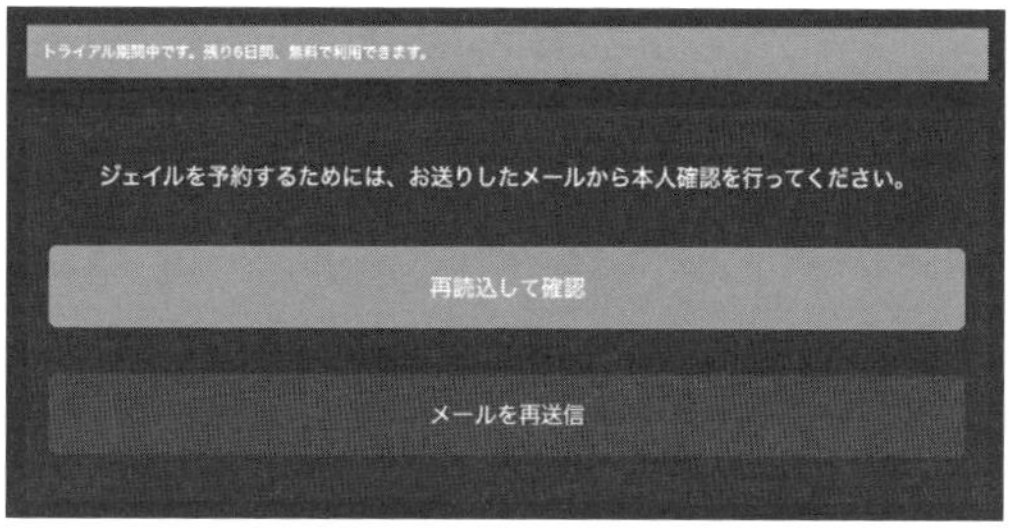

3 本人確認が終わると、「とりあえず試す」というボタンが表示されるので、クリックする。

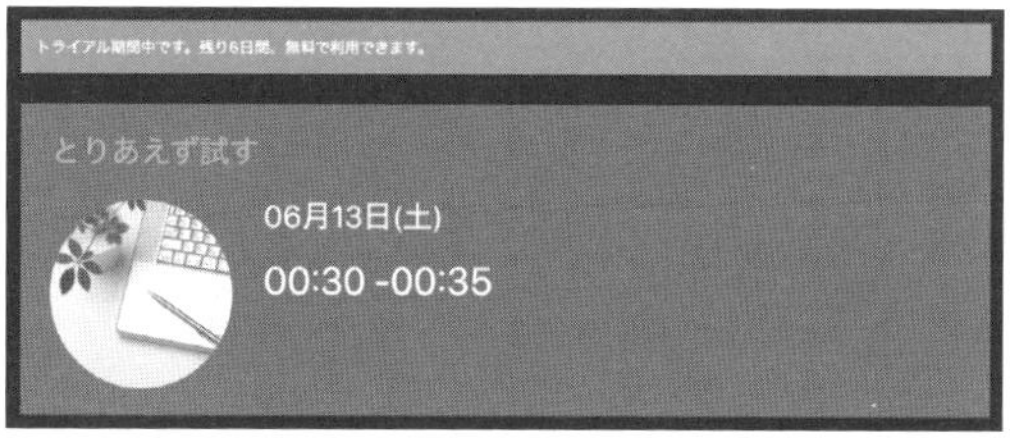

4 作業予定時刻を過ぎるとウェブカメラが作動し、作業している様子が撮影され始める。自動的にプログラムが対象者を観察し、違う行動を取っていたり、席を長時間外していたりすると、アラートを出してくれる。

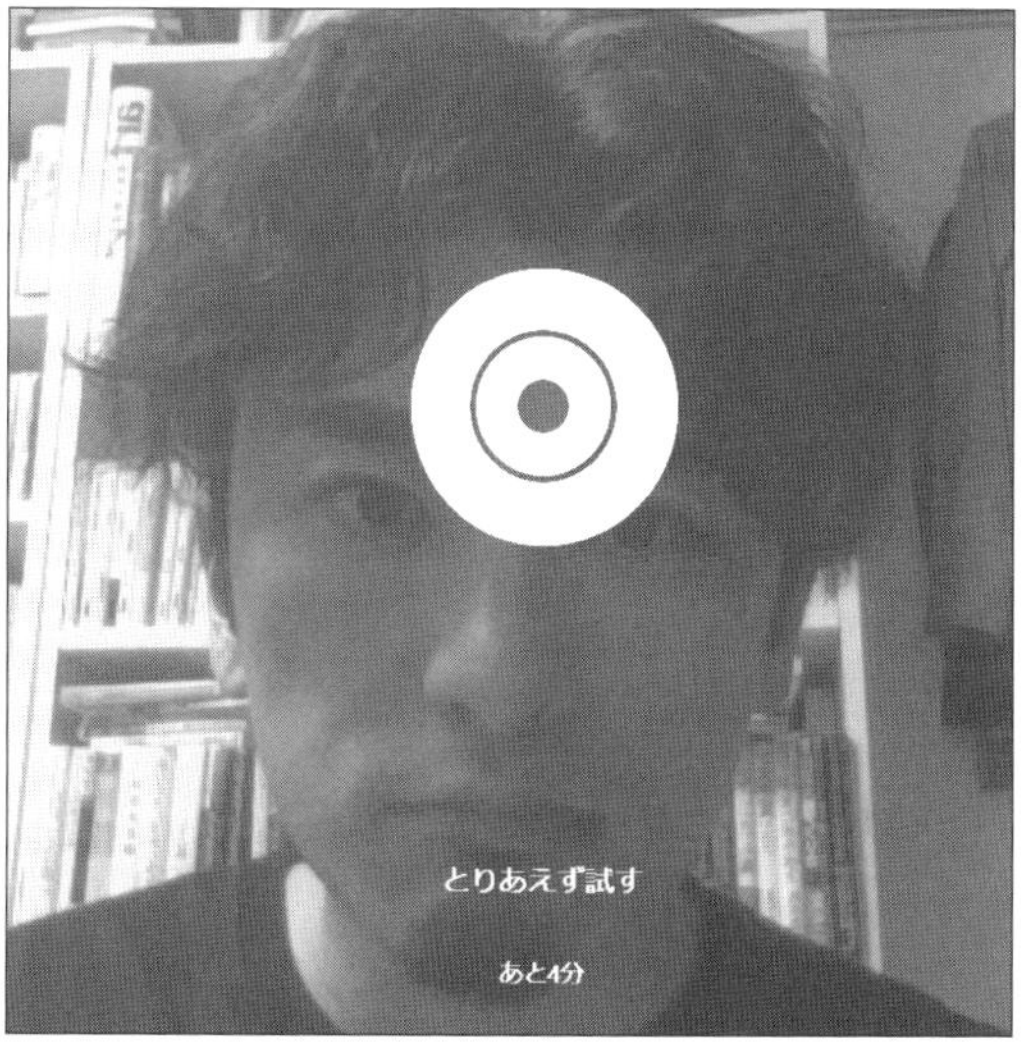

5 席を立ったり、休憩をしたり、予定時間よりも早く学習を終了したりしたい場合は、画面中央の「目玉のイラスト」をクリックする。すると、下記のような選択肢が表示されるので、選びたい行動を選択する。

Column

自分に合った学び方を知るために「認知特性」を理解する

発達障害の方の学習支援をしているとよくこんな相談を受けることがある。

「先生から覚えられないならひたすら書いて覚えろと言われましたが、何回書いてもまったく覚えられなくて……」

「何回も繰り返し読めば、暗唱できるようになるはずと言われたのですが、なかなか効果を感じられません」

こうした悩みを聞くと、「誰かにとって学びやすい方法が、全員に当てはまるわけではない」という事実がもっと世の中に広がるべきだと感じる。ここまで書いてきたように発達障害の人にはさまざまな特性がある。自分の特性に合った学び方を選択しなければ、学習効率が落ちるだけでなく、「なぜこんなに頑張っているのにできないのか」と自信を失いかねない。

では、どうやったら自分にとっての「学びやすい方法」を見つけることができるのだろうか。そのヒントとなるのが「認知特性」だ。認知特性とは人が物事を理解し、記憶する際のプロセスであり、3つのタイプが存在するといわれる。①情報を見て覚えるのが得意な「視覚優位タイプ」、②情報を聞いて覚えるのが得意な「聴覚優位タイプ」、③情報を身体を使って覚えるのが得意な「身体感覚優位タイプ」の3つだ。

視覚優位タイプの場合は、たとえば参考書を使うにしても写真やイラスト、図表が多く使われているものを選んだほうがインプット効率は上がる。一方でオーディオ教材などの音声教材は苦手である可能性も高い。

逆に聴覚優位タイプの場合、耳からの情報のインプットが得意であり、オーディオ教材などはまさにうってつけだ。また参考書などを用いる場合は、自分で読み上げてその声を聞いて記憶するのもよいだろう。

最後の身体感覚優位タイプは、身体の動きと記憶を連動させている。たとえば、何度も書いて覚える、などは身体感覚優位の人に向いている記憶方法だといえるだろう。

自分がどのタイプか判断がつかない人は、まずはいろいろなインプット方法を試してみて、一番苦がなく学べる方法を探すことから始めてみてほしい。

「誰かにとって学びやすい方法が、全員に当てはまるわけではない」ことを忘れずに、他者からの学習法のアドバイスを鵜呑《うの》みにしすぎない。そして、冷静に特性を分析し、自分に合った学習法を見つけてみてほしい。

第5章

試験本番の不安をなくしたい

忘れ物・プレッシャー対策

試験本番の不安を解消するにはどうしたらよいだろうか。締め切りが守れない、忘れ物をしてしまう、試験中に寝てしまう、試験会場まで迷ってしまうなど、そもそも試験の前段階で失敗することもある。発達特性が原因となるつまずきポイントを、ここではいくつかお伝えする。

提出書類の締め切りが守れない

対策

- 期限を忘れない仕組みを整える
- タスクを先送りできない仕組みを作る

事例

ついつい書類提出を後回しに。気づいたときには……

3カ月後にある資格試験を受ける予定だ。「次の休みに申込書類を書こう」と考えて、ホームページから書類をダウンロード。印刷して、机の上に置いておいた。

数週間後、机の上の掃除をしていると、書類の山の中から申込書類を発見した。「あ、申し込みをすっかり忘れていた!」。

慌てて確認すると、申込締切日を過ぎてしまっているではないか……。次の試験は半年後だ。それまで待たないと試験を受けられないのかと肩を落とした。

原因

ADHD特有の「物忘れ」と「先送り癖」

ADHDの人は「**衝動性**」が原因で思いついたらすぐに行動に移してしまいがちだ。そのため、「やりたいこと」を思いつくと、「やるべきこと」があっても注意が移ってしまう。結果としてやるべきことを忘れてしまうことが多い。やるべきことをしっかり覚えていたとしても、ついついタスクを先延ばしにする「**先送り癖**」もADHDの特徴だ。

最近の研究では、先送り癖の原因はADHD特有の「時間感覚の弱さ」が関係していると考えられている。1週間、1時間、1分といった時間は「果たしてどれくらいの時間なのか」の感覚がうまくつかめないため、締め切りまであとどれくらい時間が残されているのかが感覚的に理解できないのだ。

たとえば、「1週間後までにや

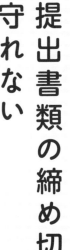

ってください」と言われたときに「まだまだ時間があるな」と捉える人と、「1週間しかないのか」と捉える人がいるだろう。

ADHDの人は、多くの場合前者である。そのため、タスクを先送りにしてしまい、結果として締め切りが迫ってから慌てて手をつけることになってしまう。

解決法　忘れない、先送りしないための環境を整えよう

書類提出の期限を守るためには、期限を「**忘れない仕組み**」と書類提出に必要なタスクを「**先送りできない仕組み**」の2つが必要だ。

期限を忘れない仕組みを作る

「忘れない仕組み」作りにおいて使えるのは、スケジュール管理ツールだ。第1章でも使い方を紹介したが、**グーグルカレンダーに必ず「提出締切日」を登録しておくようにしておこう。**締め切りだけでなく「提出書類を作成する時間」もカレンダーに登録しておくことが大切だ。

たとえば、12月15日に資格試験の申込書を提出する必要があるとしよう。その場合、次のように2種類の予定をカレンダーに登録しておくとよい。

- 12月15日15：00「申込書を提出する」
- 12月10日12：00～14：00「申込書を印刷し、記入する」

こうすることで、締切日に焦って準備することを防ぐことができる。

また、もうひとつ締切日を忘れないためのお勧めのツールがある。それが、LINEを使ったリマインダーである「**リマインくん**」だ。リマインくんは「やるべきこと」と「知らせてほしい時間」の2つをLINEで送ると、指定した時間にリマインドをしてくれるツールだ。

リマインドされた時間にタスクを実行することが難しかった場合はスヌーズ機能を利用して、30分後、1時間後などに再リマインドすることもできる。書類提出など絶対に忘れたくない予定については、グーグルカレンダーとリマインくんを二重に使用することで、タスクの実行漏れを防ぐことができる。

タスクを先送りできない仕組みを作る

ADHDの場合、タスクを覚えていても、時間感覚の弱さから先送りしてしまうことが多い。「先送りできない仕組み」作りはどう

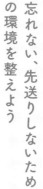

したらいいだろうか。

対策としては、**家族や友人など自分以外の人の助けを借りること**が大切になってくる。

家族や友人にも提出期限を伝えておいて、「〇日に書類提出って言っていたけど、そろそろ取り掛かったほうがいいんじゃない？」「そろそろ取り掛からないと提出できなくなると思うよ」「もう終わったの？」と頻繁に確認をしてもらうようにするのだ。

自分一人だと「まあいいか」となってしまうことも、他者からリマインドを受けることで「もうそろそろやらないとマズイな」という気持ちになり、適切なタイミングで取り掛かることができるようになる。

試験の申込書類の提出など、忘れてはいけない重要なタスクについては、複数の人に伝えておいて、必ず声かけをしてもらうように頼んでおこう。

Column

発達障害の人にフリーランスは向いている？

就労移行支援事業を行っていると、「発達障害の特性のため、会社員として働くのは難しいと感じています。フリーランスへの転向を希望しているのですが、大丈夫でしょうか」と質問を受けることがある。

確かにフリーランスは発達障害の人に向いている働き方である一方で、いくつかのデメリットもあるように思う。ここではフリーランスという働き方のメリットとデメリットについて考えてみたい。

メリットは自分の好きな時間に働けることだ。第2章でも書いたように、発達障害の人は睡眠障害などを併発している人も多い。その場合、朝早く決まった時間に出勤しなければならないのは大変だろう。その点フリーランスは会社員とは異なり、自分で仕事を開始する時間を選びやすくなる。11時よりも前にミーティングを入れないなどの工夫もしやすくなる。

特にADHDの場合、「過集中」の傾向が見られることがあり、決まったスケジュールで動くのが苦手な人もいる。集中したいときに長時間作業を続け、集中力が切れたら休憩する、といったスケジュールを組みやすいのもフリーランスの特徴だ。さらに、仕事相手を自分で選べるので、発達障害の特性に理解のある人と一緒に仕事をしやすくなるかもしれない。

ここまでを読むと、フリーランスという働き方は発達障害の人にうってつけのように見える。しかし、もちろんデメリットもある。それは、自分で時間管理をしなければならない点だ。ADHDの場合、不注意特性が原因で締め切りを忘れてしまったり、時間感覚の弱さからタスクを先送りにしてしまったりすることも多い。しかし、フリーランスで締め切りが守れないのは致命的でもある。信用問題に関わり、今後継続して仕事を依頼されづらくなってしまいかねないからだ。また、月ごとに抱えている案件が変わることも多いため、臨機応変な対応が求められるケースも多い。そういう意味では、決まったルーティンを好むASDの場合だと、やりづらさを感じることもあるだろう。

このようにフリーランス＝発達障害に向いている、とは必ずしもいえない。メリットだけに目を向けてフリーランスに転向する前に、デメリットも検討しよう。そのためにも、身近にいるフリーランスの人に日々の仕事の様子を詳しく聞いてから選択するほうがよいだろう。

リマインくんの使い方

1 http://remine.akira108.com/ にアクセス。下記の友達追加のQRコードを読み取り、「リマインくん」をLINEの友達に追加する。

2 LINEのトーク画面を開くと下のような画面が開かれる。新しく予定を登録する場合は、左下の「新しいリマインダ」という＋ボタンをタップする❶。その後左下のキーボードのマークをタップする❷。すると、キーボードが表示されるので予定を入力しよう。たとえば「試験の申込用紙を書く」などと予定を登録する。

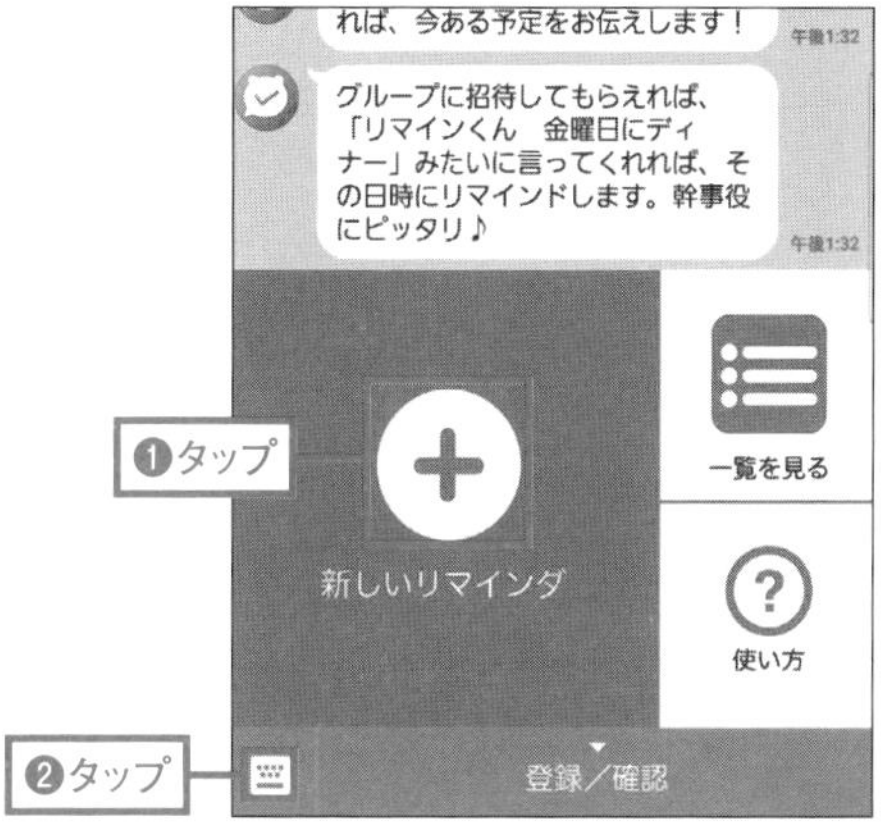

3 次にその用事を教えてほしい日時を登録する。たとえば、「10月4日14:00」のように、日時をLINEのメッセージ欄に入力しよう。「じゃあ2021年10月4日14時0分に言うね！」と返信があれば、登録完了だ。

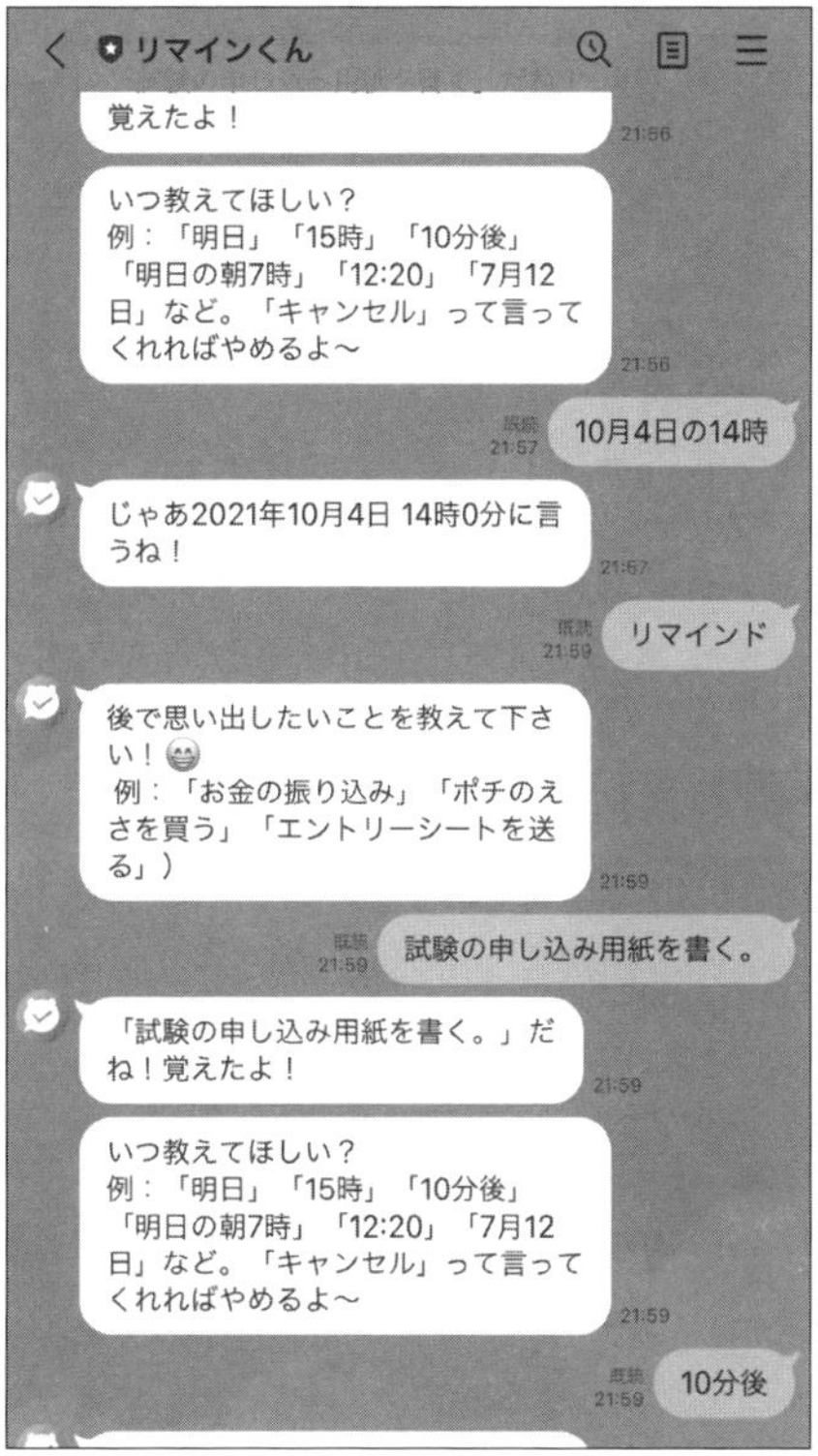

4 時間になるとLINEで「○○の時間だよ」とメッセージが届く。忘れないように、メッセージが届いたらすぐに対応するようにしよう。どうしてもそのときに手が離せなければ、再度リマインドを設定する。「10分スヌーズ」「30分スヌーズ」「1時間スヌーズ」というボタンが表示されているため、自分の都合に合うものを選択する。すると該当の時間に再度リマインドが送られてくる。

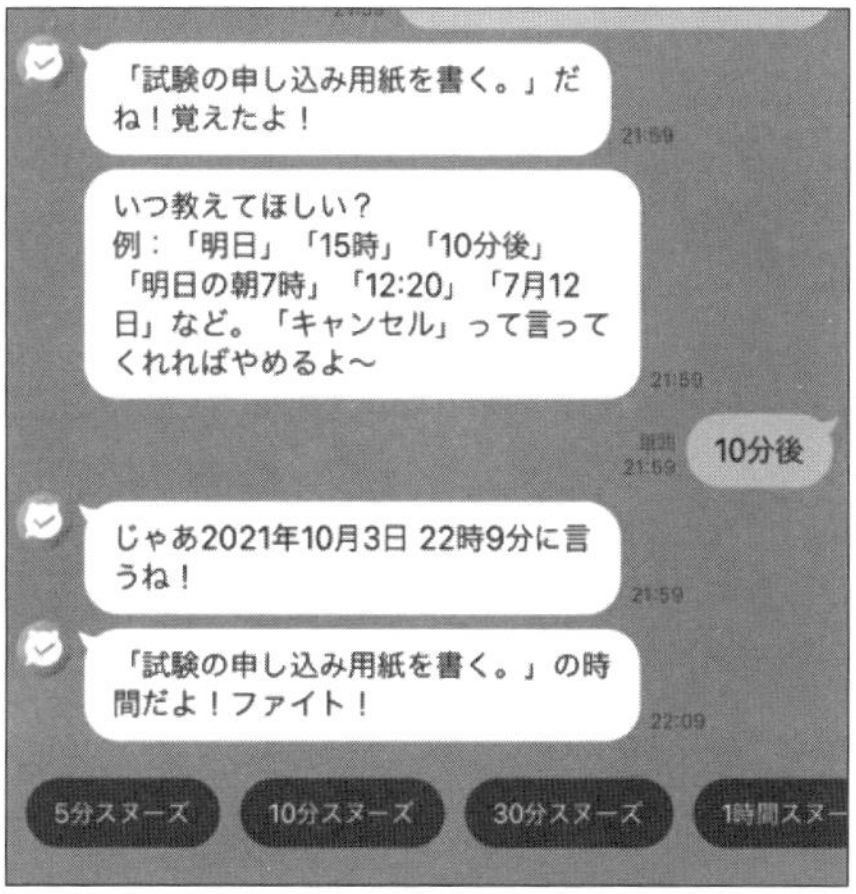

大事な試験に忘れ物をしてしまう

対策

- 忘れ物チェックリストを用意し、必ず前日に確認する
- 家で使うものと外に持ち出すものは別々に用意する
- 持ち物は目につくところに置いておく
- 荷物は必ず1つにまとめて身につける

事例

絶対遅刻できないときほどよく起こる「アレがない！」

今日は数カ月前から準備していた資格試験の日だ。試験時間の合間に最後の復習をしようと、問題集もカバンにしまって準備万端だ。どれだけ勉強を頑張っても受験票を忘れてしまっては元も子もない。受験票はサブバッグにしまい、家を出るときに再度入っているかを確認した。

最寄りの駅に着き、「さあ電車に乗ろう」としたその瞬間、財布がカバンの中にないことに気づいた。受験票に気を取られすぎて、財布にまで気が回らなかったのだ。余裕を持って家を出たので何とか事なきを得たが、あやうく遅刻するところだったと冷や汗をかいた。

気を取り直して電車に乗り、試験会場へ。無事到着し、入り口で受験票を出す瞬間になって青ざめた。なんと、受験票を入れていたサブバッグが見当たらないのだ。問題集を入れたバッグのほうばかりに気を取られてしまい、サブバッグは電車の中に置いてきてしまったようだ。試験開始は間もなくだ。何でこう大切なときに忘れ物をしてしまうのだろうか……。

原因

不注意特性が原因で忘れ物が多い

ADHDの人は「不注意特性」があるといわれている。これは**気が散りやすく、1つのことに集中することが苦手**な性質で、忘れ物の多さにつながる。

ここで大切なのは「忘れ物に気をつける」という根性論で解決し

ようとしないことだ。いくら気をつけようと思っても忘れてしまうのが特性だ。根性論ではなく、仕組みで解決するようにしよう。

解決法　忘れ物チェックリストを用意し、必ず前日に確認する

まず大切なのは、**出掛ける前に忘れ物がないか確認する時間をしっかり確保すること**だ。当日の朝は何かとバタバタしてしまうし、気持ちも焦っている。慌ただしい中で準備をすれば、忘れ物が多くなるのは当たり前。前日の夜に持っていくべきものはしっかりと用意しよう。

その際、頭の中で持っていくものを思い描くだけではなく、実際にリストに書き出してチェックするようにしよう。

リストに抜け漏れがあると、結局忘れ物をしてしまいかねない。念を入れるならば、家族などに見てもらい抜け漏れがないかをチェックしてもらうと間違いがないだろう。

忘れ物チェックリストの例

- 受験票 □
- 鉛筆 □
- 消しゴム □
- 財布 □
- 携帯 □
- Suica □
- 目薬 □
- お弁当 □
- 参考書 □

家で使うものと外に持ち出すものは別々に用意する

準備をする際のコツがある。それは、**家で使うものと外に持ち出すものを別々に用意すること**だ。たとえば、鉛筆や消しゴムなどは試験日にも必要だが、自宅で学習する際にも使うだろう。すると、前日に家で使用したまま、次の日カバンに入れ忘れてそのまま試験会場に出掛けてしまう、といったことが起こりやすくなってしまう。

だからこそ、自宅用の鉛筆や消しゴムと、外に持ち出す用の鉛筆や消しゴムを分けておく必要がある。そして持ち出し用は常にカバンに入れておくようにする。こうすれば、入れ忘れを防げるはずだ。

持ち物は目につくところに置いておく

せっかく忘れ物がないようにチェックしたり、自宅用と持ち出し用を分けて準備したりしても、それらの荷物を忘れて家を出てしまっては意味がない。そのためにも、準備した荷物は玄関のドア前に置いたり、ドアノブに掛けておいたりするなど、**出掛けるときに目に入るところに置いておく**ようにしよう。

とはいえ、お弁当や水筒など、前日に準備することが難しいものを玄関に置いておくことはできない。その場合、「お弁当、水筒」などと書いたメモを用意して目に入るところに貼っておくのがよいだろう。

このとき、ベッドの横や玄関の扉に貼るだけでは見逃してしまうおそれがある。コツは、**必ず「触る」ところに貼っておく**ことだ。たとえば、靴の中にメモを入れたり、ドアノブのところに貼っておいたりするとよい。靴を履いたりドアを開けたりするときに必ず視線がそこに向くので忘れづらくなる。

荷物は必ず1つにまとめて身につけるべし

ADHDの人にとって、さらに危ないのが移動中の忘れ物だ。電車や駅のホームに受験票や携帯、財布などを置き忘れてしまうことは避けたい。

複数の荷物を持っていると、置き忘れのリスクが高まるため、**極力荷物は2つ以上に分けないようにしよう。**

手持ちバッグの場合は、電車の中で隣の席や吊り棚に置いてしまい、そのまま置き忘れてしまうケースが多い。リュックサックやポーチなど身につけられるカバンにして、肌身離さず持つのが賢明だろう。

さらに、携帯や財布などをカバンから出した際にそのまま置き忘れてしまうこともある。

これを防ぐ際に有効なのが**「リールキーホルダー」「キーチェーン」**と呼ばれるツールだ。次ページのようにカバンとスマートフォンや財布をつなげておくと、置き忘れのリスクは低くなる。忘れ物が多い人はぜひ試してみてほしい。

持ち物を忘れないための工夫

玄関のドアノブにかけておく

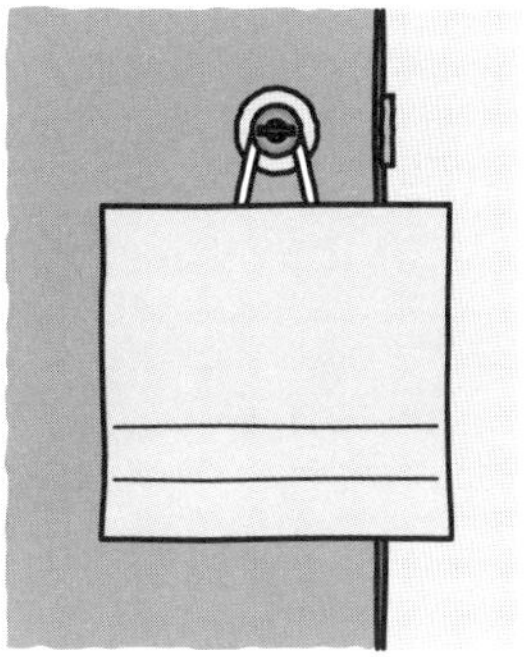

- ドアを開けるときに確実に気づく
- 自分の靴の上に置いておくのもアリ
- 自分にトラップを仕掛けるつもりで、忘れそうなものを配置しておく

カバンと忘れそうなものをキーチェーンでつなぐ

- 購入時には伸び縮みするタイプのものを選ぶ
- 忘れそうなものを紙袋などに入れてカバンとつなげる

朝、必ず見るものにフセンを貼っておく

- 隅っこでは気づかないこともあるので、真ん中に貼っておく
- 携帯電話を必ず見るなら、携帯の画面に貼っておくのでもよい

試験中、気づかない間に寝てしまう

対策

○ 生活リズムを整える
○ カフェインを適宜摂取する

事例

試験中なのに、気づくと眠ってしまっていることも

今日は資格試験の試験日だ。寝つきが悪く早起きが苦手なので、午前10時からの試験開始に不安が募っていたが、何とか起きることができて一安心だ。

早速会場に向かい、試験に臨んだ。勢いよく問題を解き始めたが、開始10分ほどで急激な眠気に襲われてしまった。頑張って目を開けようとするが、どうにも眠い……。

そうこうしていると、試験監督の「あと5分で試験が終わりです」というアナウンスが耳に入った。ハッとして顔を上げて時計を見ると、なんと20分近く寝てしまっていた。答案用紙はまだ半分も埋まっていない。こんな大切な試験中にもかかわらず、なぜ眠くなってしまったのだろうか。

原因

日中の眠気は、睡眠障害が原因かも

第2章でも説明した通り、ADHDやASDといった発達障害の場合、**睡眠に関する困難を抱える人が多い**ことがわかっている。原因はまだ明らかになっていないが、ADHDの方の中には日中の覚醒水準がおしなべて低下していて覚醒のメリハリが乏しいことで睡眠障害が生ずることがあり、ASDの場合は変換困難でタスクを際限なく繰り返して継続してしまうことで入眠せず睡眠のサイクルが乱れてしまうケースが見受けられる。

また発達障害に関係なく、**ナルコプレシー**と呼ばれる疾患が関係しているとも考えられる。ナルコプレシーとは日中に制御できないほどの眠気に襲われる睡眠障害のことであり、600人に1人ほどの割合で発症するといわれている。この場合は、薬を使うなど医学的なアプローチで症状が改善することもあるので、まずは睡眠外来のある病院に受診してみよう。

解決法 生活リズムを整え、カフェインを適宜摂取する

まずは睡眠外来にかかり専門家の診断とアドバイスを受けることを勧めるが、ここでは自分でもできる有効な昼間の眠気対策について説明していきたい。

生活リズムを整えよう

日中の眠気対策で一番重要なのは、**生活リズムを整え十分な睡眠時間を確保すること**だ。試験日の少なくとも1週間前からは不規則な生活をやめ、生活リズムを整えよう。夜寝つけないときの対策については52ページに詳しく書いているため、そちらを読んでほしい。

ここでは生活リズムを整えるために必要な**睡眠記録の取り方**について紹介しよう。

睡眠記録については、次の項目について記載しよう。

- 日付
- 睡眠の点数
- 睡眠時間（何時から何時まで寝ていたか）
- 睡眠の質（夜中に何回目覚めたか、ベッドに入ってから寝つくまでにどれくらい時間がかかったか）
- 日中の眠気（日中に眠気はあったか、それは何時から何時頃までか）
- 睡眠の質が良かった／悪かった理由として考えられること

このような睡眠記録をつけてお

睡眠記録の記載例

2021年10月20日（睡眠の質：45点）

- 22:30～6:20
- 夜中に2回ほど目が覚めた。ベッドに入ってから1時間ほど眠れなかった。
- 日中2回、13:30～14:00頃、16:30～17:00頃まで強い眠気があった。
- 夜寝る前にスマートフォンを1時間程度触ってしまった。スマートフォンの光によって頭が覚醒してしまったのかもしれない。

2021年10月21日（睡眠の質：60点）

- 23:30～6:20
- 夜中一度も目覚めなかった
- 日中15:00～16:00頃眠気があった。
- 寝る前にスマートフォンを触らないようにしたこと、また日中に1時間ほど散歩をしたことで身体が疲れたのか、よく眠れた。明日も1時間ほどランニングをしようと思う。

「Suimin.net」の睡眠記録票（グラフ）

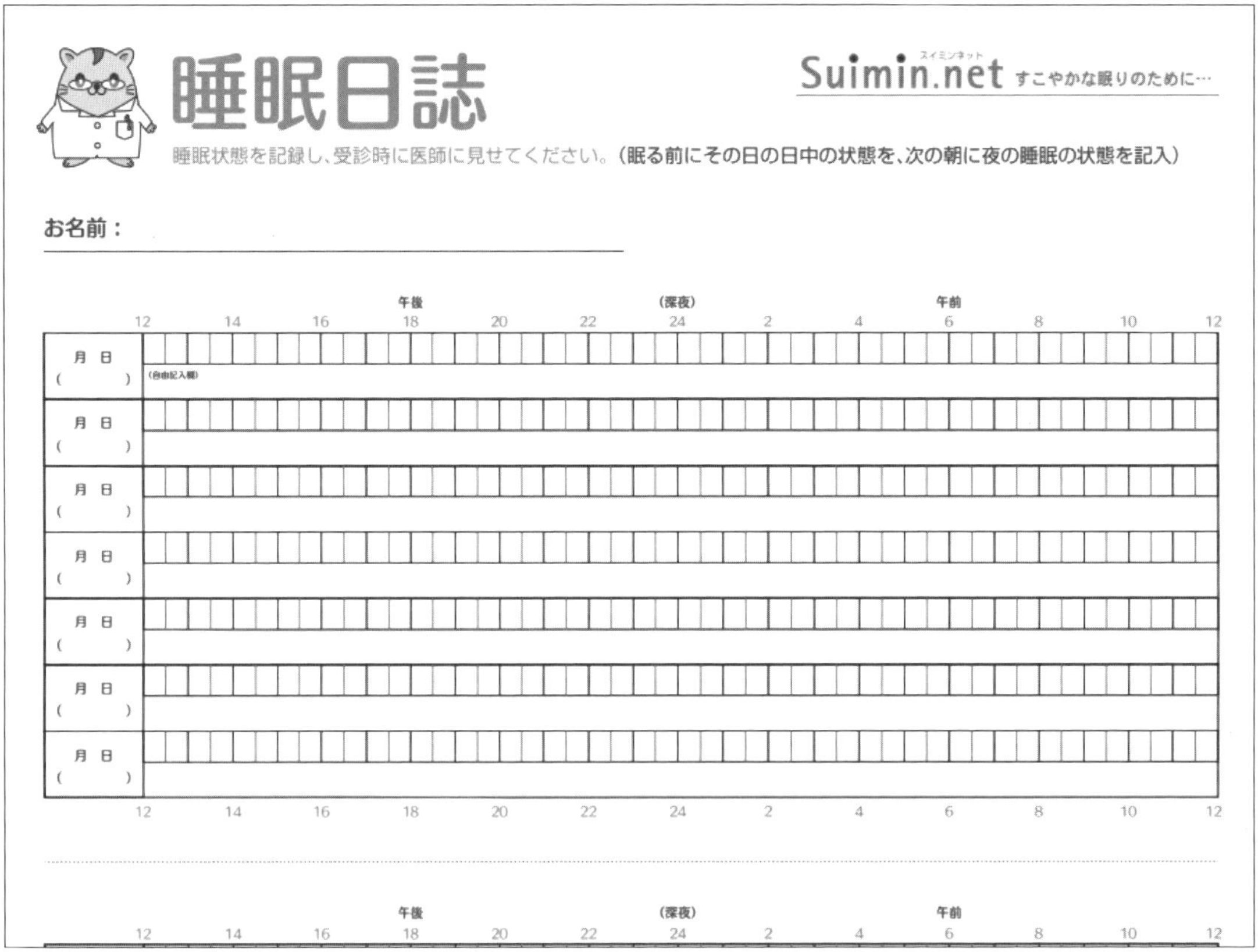
睡眠日誌

Suimin.net スイミンネット すこやかな眠りのために…

睡眠状態を記録し、受診時に医師に見せてください。（眠る前にその日の日中の状態を、次の朝に夜の睡眠の状態を記入）

お名前：

	午後				(深夜)			午前			
	12 14 16 18	20	22	24	2	4	6	8	10	12	
月　日 （　　）	(自由記入欄)										
月　日 （　　）											
月　日 （　　）											
月　日 （　　）											
月　日 （　　）											
月　日 （　　）											
月　日 （　　）											

12 14 16 18 20 22 24 2 4 6 8 10 12

午後 (深夜) 午前

12 14 16 18 20 22 24 2 4 6 8 10 12

出典：https://www.suimin.net/data/nisshi.html

くと、自分が毎日何時間ほど寝られているのか、日中に眠気を感じた日の前日にどの程度睡眠を取っていたのかを客観的に分析できる。さらに、睡眠の質が良かった／悪かった理由を考えるきっかけとなるため、次の日に活かしやすくなる。

　また、グラフにするとどのくらい睡眠時間が変化しているのかを視覚的につかみやすくなる。自分で睡眠記録グラフを作成するのが難しい場合は、「田辺三菱製薬株式会社」と「吉富薬品株式会社」が提供するウェブサイト「Suimin.net」から睡眠記録票（グラフ）をダウンロードすることもできる。

カフェイン飲料は眠気覚ましに活用できる

　もうひとつ日中の眠気覚ましに有効なのが**カフェイン**だ。カフェインには、脳内にある眠りを誘う

カフェインを多く含む主な食品

食品名	カフェイン濃度	備考
コーヒー	60mg/100ml	浸出方法:コーヒー粉末10g/熱湯150ml
インスタントコーヒー（顆粒製品）	57mg/100ml	浸出方法:インスタントコーヒー2g/熱湯140ml
玉露	160mg/100ml	浸出方法：茶葉10g/60℃の湯60ml、2.5分
紅茶	30mg/100ml	浸出方法：茶5g/熱湯360ml、1.5〜4分
せん茶	20mg/100ml	浸出方法：茶10g/90℃430ml、1分
ウーロン茶	20mg/100ml	浸出方法：茶15g/90℃の湯650ml、0.5分
エナジードリンクまたは眠気覚まし用飲料（清涼飲料水）	32〜300mg/100ml（製品1本当たりでは、36〜150mg）	製品によって、カフェイン濃度及び内容量が異なる

参考　抹茶1杯当たり：抹茶1.5g（カフェイン含有量48mg）/70〜80゜Cの湯70ml（抹茶のカフェイン含有量3.2g/100g）

出典:https://www.fsc.go.jp/factsheets/index.data/factsheets_caffeine.pdf

受容体に働きかけることで、脳を覚醒させる作用があるといわれている。

　カフェインを含む、上記のような飲料を試験当日の開始1時間前に摂取することで、試験中の眠気を防ぐことができるだろう。

　とはいえ、カフェインは中毒性もあるため、日頃から多量の摂取を行うのはお勧めしない。なぜなら、過剰摂取を連日続けていると、脳がカフェインの効果に慣れてしまい、前述の「脳を覚醒させる作用」が効かなくなったり、効果が薄まったりすることがあるからだ。

　また、カフェインを飲んでから約3〜7時間は眠気が起こりづらいといわれている。日頃からカフェインを大量に摂取していると、夜の眠りづらさが増す可能性もある。摂取するのは、大切な試験や会議の前だけにしておくのがよいだろう。

試験会場まで迷ってしまって、たどり着けない

対策

- 試験日より前に一度試験会場に行ってみる
- 時間に余裕を持って家を出る
- 自分の得意な「道案内」の読み方を知っておく

事例

急いでいるのに電車に乗り間違え、会場までの道がわからない

試験当日、会場に向かうために家を出た。スマートフォンで行き方を調べ、最寄り駅から電車に乗車。

しばらく乗っていると、何か様子がおかしいことに気づいた。スマートフォンに表示されている乗換駅の到着時間になっても、まだ駅に着かないのだ。

急いで確認すると、なんと反対の電車に乗ってしまっていたらしい。かなり時間をロスしてしまったので慌てて逆方向の電車に乗り換えた。

やっとのことで試験会場の最寄り駅に到着したが、もう試験開始まで時間がない。

急いでグーグルマップで会場までの道を調べ、会場まで向かった。しかし、気づくと会場から遠く離れた位置にいた。焦って、反対の方向に向かってしまったようだ。

こうなると、開始時間までに会場に着くのは難しそうだ……。

原因

不注意や衝動性が原因で、目的地にたどり着くまでにいくつもの困難

電車の時刻や路線間違いの原因は、ADHDの「**不注意特性**」や「**衝動性**」が原因だ。時刻表を1時間読み間違えてしまったり、行き先をしっかり確認しないまま衝動的に目の前に来た電車に乗車してしまったりした経験がある人は多いのではないだろうか。

また、不注意特性が原因で、地

図を間違えて読んでしまい、まったく逆方向に歩いてしまっていたなんてこともある。

解決法　試験当日に慌てない。事前の準備が大切

特に大切な用事がある場合は、迷ったり間違えたりしないように、事前に十分な準備をしておく必要がある。ここでは、その方法をいくつか考えてみたい。

試験日より前に一度試験会場に行ってみよう

電車の乗り間違いや道に迷うことを防ぐために、できるならば**試験日より前に一度試験会場まで試しに行ってみる**のをお勧めする。時間に余裕があるときに、乗る電車や会場までの道のりを丁寧に確認しておけば、当日は知っている道を通ればよいだけ。ミスを犯すリスクを減らせるだろう。

時間に余裕を持って家を出る

また、時間には十分余裕を持って出掛けるようにしよう。試験当日は、少なくともバッファを30分以上持って家を出てほしい。

（よくないスケジュールの例）9：00自宅出発↓徒歩10分↓9：10自宅最寄り駅到着↓9：15電車に乗る↓9：45会場最寄り駅到着↓徒歩10分↓9：55 会場到着↓10：00受付開始

（バッファを持ったスケジュールの例）8：20自宅出発↓徒歩10分↓8：30自宅最寄り駅到着↓8：40電車に乗る（電車に乗り間違えてしまい15分ロスしてしまった）↓9：30会場最寄り駅到着↓徒歩10分（道に迷ってしまい10分ロスしてしまった）↓9：50会場到着↓10：00受付開始

自分の得意な「道案内」の読み方を知っておこう

地図がうまく読めず、よく迷ってしまう人のために、もうひとつ知っておいてもらいたいことがある。それが**自分に合った「道案内」のタイプ**だ。

それを知るためには、第4章のコラムで説明した「認知処理特性」について知っておく必要がある。認知処理特性とは、情報を処理する際の傾向であり、「継次処理タイプ」と「同時処理タイプ」の2つがある。

まず継次処理タイプは、情報を順序立てて理解することが得意なタイプだ。このタイプの人は、道順を確認するときに「まず、1つ目の角を右に曲がって、30メートルほど歩きます。次に、右手にコンビニが見えてきたら、左に曲が

ります。そして、公園が見えてきたらその角を右に曲がります」のように順を追った説明が理解しやすい。こういったタイプの人は通常の地図を見ても、頭の中で道順を描けずに混乱してしまう。

このタイプの人にお勧めなのが、**「グーグルストリートビュー」**だ。これは、実際に歩いているかのように道路沿いの風景が見られる機能である。この機能を使っておけば、事前に実際の風景を見ながら、試験会場までの道を確認できる。その際、**目的地までの経路で目印になりそうな建物を見つけ、スクリーンショットで保存しておく**とよいだろう。「右手にコンビニが見えてきたら、左折する→左手に消防署が見えたら右折する」のように、目印と曲がる方向を文章にしておこう。当日は、スクリーンショットと文章を見ながら行けば、迷いづらくなるはずだ。

一方、同時処理タイプは、全体の概要を把握してから、個別の詳細を理解するのが得意なタイプだ。このタイプは、上記のようにグーグルマップを見るよりも、地図を見て、スタートからゴールまでの動きの全体像を把握したほうが道順を覚えやすい。このタイプは、通常の地図を見て、それ通りに道順をたどっていくのがよいだろう。

次ページの図では、パソコン上で目的地までの道のりを探す方法をお伝えしているが、当日はスマホで地図を見ながら進む方も多いだろう。その際に気を付けなければいけないことは、まずＧＰＳがずれていないかということだ。スマホでは、時折ＧＰＳがずれてしまうことがあるため、何か場所がおかしいと思ったらＧＰＳのずれを疑ってもよい。その場合は、設定→Ｗｉ－Ｆｉをオンにすると ＧＰＳが正常に作動することも多い。ＧＰＳが正常に作動しているときは画面右下の「開始」を押すと、「どちらの方向に歩くのか」「どこで曲がるのか」を細かく教えてくれる。そうすれば、案内に沿って進めばよいだけだ。

最後に、それでも迷う不安があるときは、タクシーアプリを用いて最寄り駅からタクシーを使用することをお勧めする。タクシー代を節約したいという気持ちもわかるが、大事な試験日の場合はタクシーアプリで事前にタクシーを呼び、目的地まで自動的に連れていってもらうようなやり方も検討の余地がある。

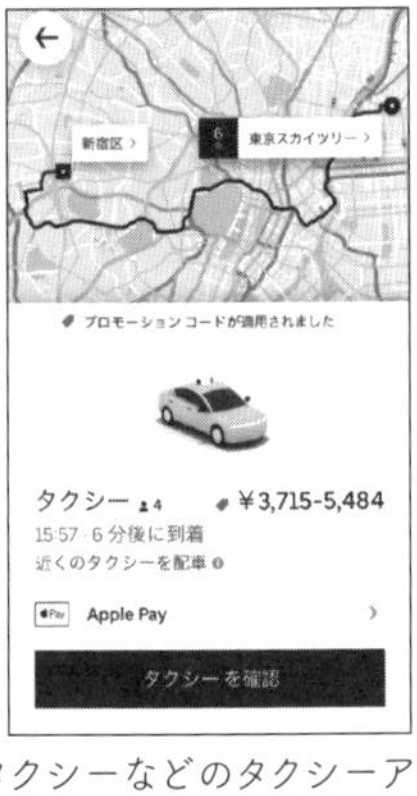

ウーバータクシーなどのタクシーアプリを使えば、迷うことなく目的地に行ける

グーグルストリートビューの使い方

1 グーグルマップで「出発地」と「目的地」を入力し、経路を検索する。

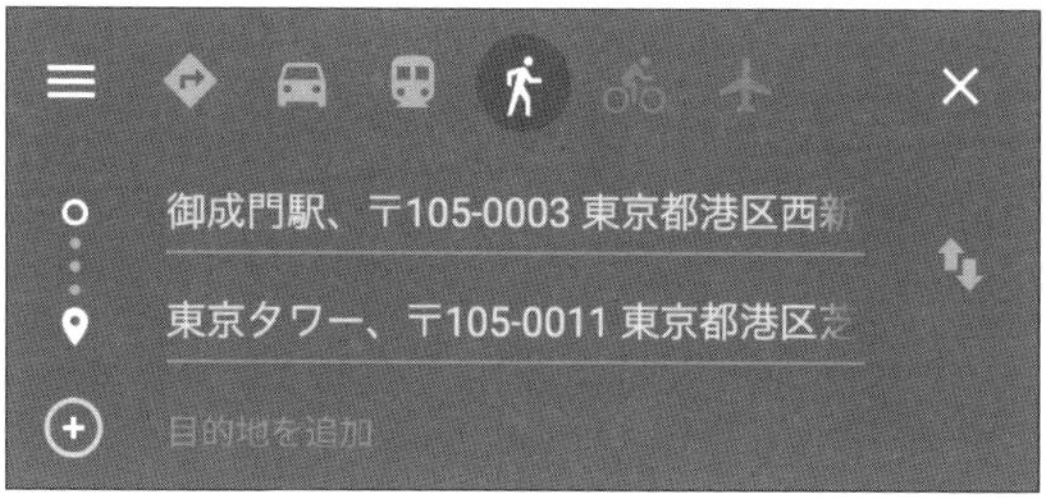

2 画面右下にある人型のマークをクリックする。

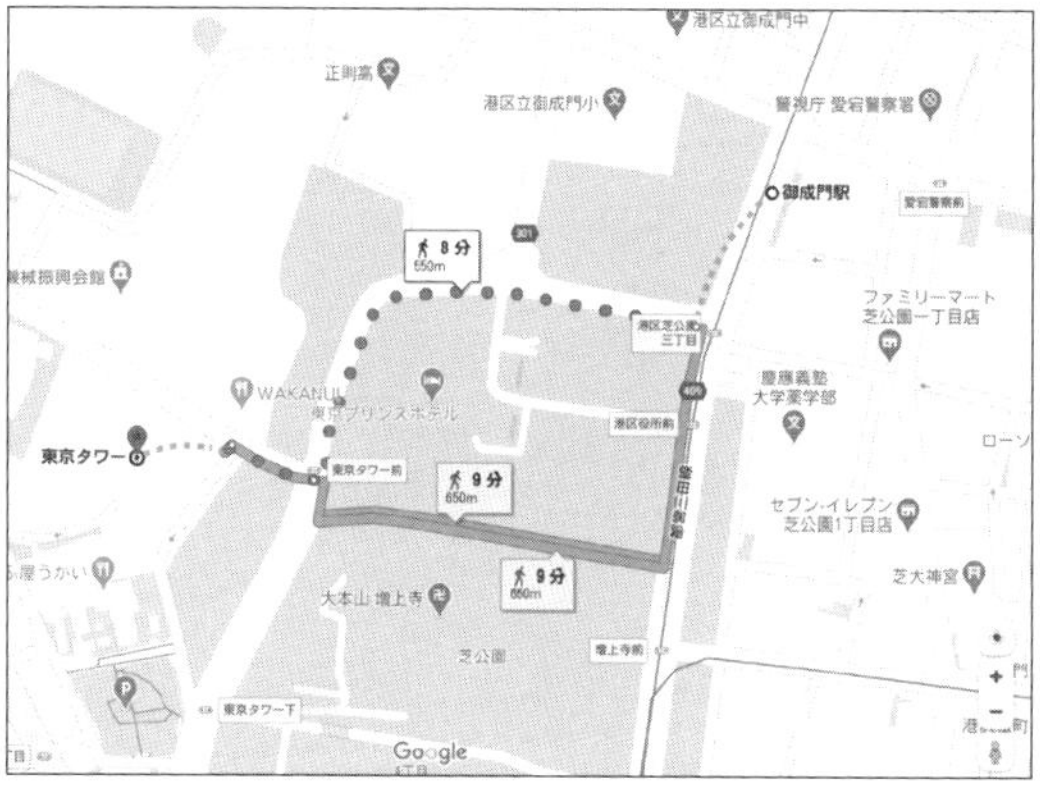

3 そのままドラッグして、出発地点まで人型のアイコンを運ぶ。

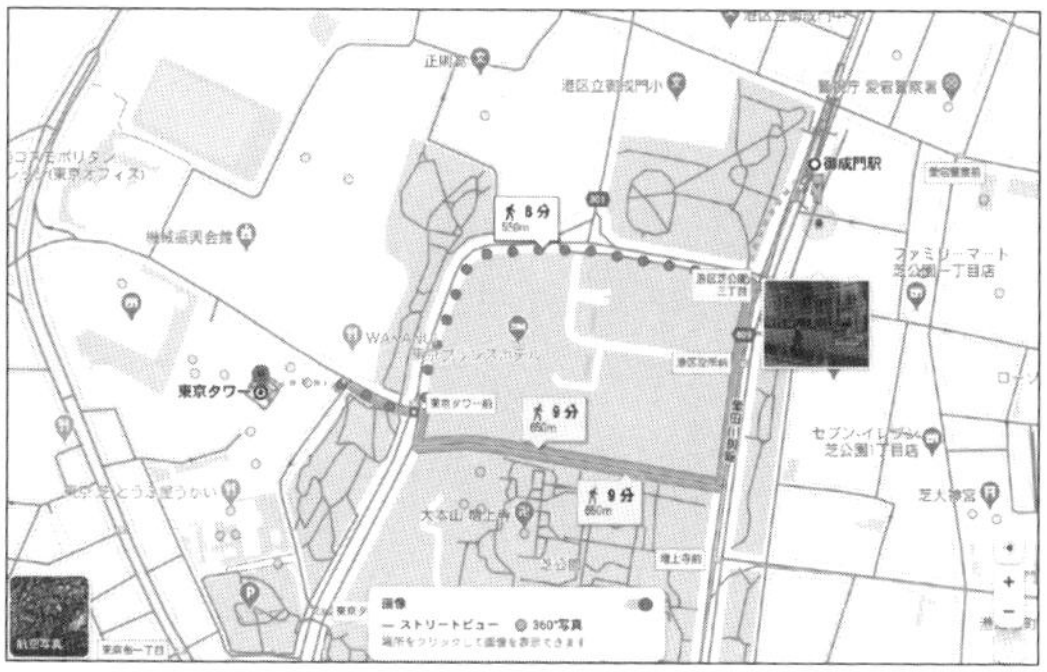

4 グーグルストリートビュー機能を用いて、実際の風景を見ながら目的地まで歩いてみる。

5 途中で、目印になりそうな建物や場所があれば、スクリーンショットを撮っておく。

ケアレスミスがなくならない

対策

○該当箇所以外を隠し、必要な箇所だけが見えるようにする
○あらかじめ試験の主催団体に事情を伝えて配慮してもらう

事例 問題の読み飛ばしに、マークシートの記入ミス

今日はついに資格試験当日。これまでの勉強の成果を出そうと意気込んでいる。

早速問題を解き始めると、ここ数カ月頑張って勉強してきただけあって、手応えがある。

最後の問題にきたところであることに気づいた。なんと、マークシートへの記入が、1問ずつ下にずれてしまっていたのだ。またいくつか問題文の読み飛ばしもあり、誤回答も発見。残り時間も少なくもうどうすることもできない……。

原因 ADHDの不注意特性、ASDの感覚特性が原因に

せっかく勉強をしてもケアレスミスで点数を落としてしまってはもったいない。しかも、マークシートのような形式の場合、1つ回答欄がずれると芋づる式にすべての点数を失ってしまう。また問題の読み間違いも、わかっていたはずの問題の点数を落としてしまうことになりかねない。いずれにしても「ケアレスミス」は合格の大敵であることは間違いない。

ADHDの場合、ここまで何度か説明してきた「**不注意特性**」が原因でケアレスミスが増えてしまう。「気をつけよう」と思っていても、具体的に「どう気をつけるべきか」がわかっていないと、なかなかケアレスミスはなくならない。

また、ASDの場合、「**感覚特性**」がケアレスミスにつながる場合も

ある。問題用紙がまぶしく感じ、うまく問題文が読めない。試験会場のエアコンの音や周囲の人が鉛筆で書くカサカサという音が気になり、集中できない。こんな症状が見られる場合は視覚過敏や聴覚過敏の可能性がある。

　さらに、文字の読み飛ばしが極端に多い、文字が重なって見える、ゆがんで見えるといった場合は、LDも疑われる。

解決法　原因によって対応策は変わる

　大切なのは、ミスをする原因を見極めた上で、その原因に適した対応策を考えることだ。たとえば、読み飛ばしや読み間違いが原因のミスと、感覚過敏が原因のミスでは、対応策はまったく異なる。ここでは、ケースごとの工夫を見ていこう。

読み飛ばしや読み間違いが原因のミスはどう防ぐ？

　問題文の読み飛ばしや読み間違い、またはマークシートの解答欄のズレなどがミスの原因の場合は、「**該当箇所以外を隠し、必要な箇所だけが見えるようにする**」ことが大切だ。見えている箇所だけに意識を集中すればいいので、注意があちこちに飛んでしまわずに済み、ミスを防ぐことができる。

　試験会場に白い紙や下敷きなどを持ち込むことができれば、それを使って隠すのが便利だ。しかし、試験に関連しないものは持ち込みが禁止されていることが多い。

　そこでお勧めなのが**大きめの消しゴム**だ。消しゴムならば持ち込みが可能なので、それで該当箇所以外を隠していこう。

　試験を主催する団体に、発達障害であることを伝えて、紙や下敷きなどを持ち込めるように問い合わせてみることも可能だ。できる手段を用いて「必要な箇所だけが見えるようにする」を試してみてほしい。

　また、最後に見直しの時間を設けておくのも重要だ。たとえミスがあっても、最後に挽回できるよう10分ほど時間を残して終えられるように時間調整をしておこう。

感覚過敏が原因のミスはどう防ぐ？

　ASDの場合、問題用紙がまぶしく感じて、うまく問題文が読めなかったり、周囲の音が気になって集中できなかったりすることも多い。この場合、視覚過敏や聴覚過敏がミスにつながっている可能性がある。

　視覚過敏の場合は、**あらかじめ主催団体に事情を伝えた**上で、窓際の席を避けてもらう、試験問題を白ではなく、薄い色の付いた紙に印刷してもらう、照明が少し暗めの別室で受験させてもらう、といった対応法が考えられるだろう。

一方、聴覚過敏の場合も、あらかじめ主催団体に事情を伝えた上で、静かな別室で受験させてもらう、耳栓やイヤーマフをつけて受験させてもらうといった対策ができる。

知っておきたい「合理的配慮」とは？

とはいえ、他の受験者とは異なる対応を主催団体に求めてもいいのだろうかと心配になる人もいるかもしれない。しかし、試験に臨む機会を平等に得ることは、権利だ。**遠慮することなく問い合わせをしてほしい。**

日本では、２０１６年から障害者差別解消法によって、事業者に対する「**合理的配慮**」の提供努力義務が課されるようになっている。合理的配慮とは、障害のある人が他の人と平等にすべての人権や基本的自由を享有し行使するために必要な変更や調整のことを指す。つまり、障害を持つ人が平等に試験を受けられるように、必要な対策を事業者に求めることに何ら問題はないということだ。事業者は問い合わせがあった場合は、負担が重すぎない範囲でその対応に努めるよう定められている。

もちろん希望を伝えたとしても、すべてがかなえられるわけではない。合理的配慮の実施にあたっては、配慮を必要としている本人と、配慮を行う事業者との間で、希望や実現可能性を踏まえてすり合わせを行う必要がある。自分の希望と事業者の希望を伝え合った上で、実現可能な配慮を考えられるとよいだろう。

たとえば英検は、必要があれば、発達障害の人は別室受験や座席配置への配慮を行うとしている。また、英語検定のひとつである「ＩＥＬＴＳ」も、必要に応じて、試験時間の延長、座席配置の配慮、回答にあたってのコンピュータの使用、問題用紙の読み上げ、透明な色付きのオーバーレイなどの配慮が可能であるとしている。資格試験によっては、こうした具体的な対応可能事例が公開されていない場合もある。その場合は、直接主催団体に問い合わせてみよう。

また、こうした配慮を求める場合、事前の申請が必要である場合が多い。当日に突然伝えても必要な配慮が行われない可能性が高い。ホームページなどを確認して、期日に遅れないように申請するようにしよう。申請にあたっては、障害の状況を説明できる障害者手帳、医師による診断書、状況報告書などが必要な場合もある。これも期日に間に合うように用意しておくようにしよう。

ケアレスミスを防ぐ3つのポイント

STEP 1 不注意特性によるミスを防ぐには？

- 白い紙で該当箇所以外を隠す
- 下敷きで該当箇所以外を隠す
- 大きめの消しゴムで該当箇所以外を隠す
- 手で該当箇所以外を隠す

STEP 2 視覚過敏によるミスを防ぐには？

- 窓際の席を避けてもらう
- 試験問題を白ではなく、薄い色の付いた紙に印刷してもらう
- 照明が少し暗めの部屋で別室受験させてもらう

STEP 3 聴覚過敏によるミスを防ぐには？

- 静かな別室で受験させてもらう
- 耳栓やイヤーマフをつけて受験させてもらう

口述試験に受からない

対策

- 試験の形式を事前に確認しておく
- 事前に原稿を用意しておく
- 逆質問で曖昧さを排除する

事例

暗記問題は得意なはずなのに……

英検に過去何回も落ちてしまっている。

暗記は得意なので筆記試験は問題ないのだが、口述試験がなかなか突破できないのだ。

知識はあるのに、それをわかりやすく相手に伝えるのがどうやら苦手のようだ。いったいどうすればよいだろうか。

原因

臨機応変な対応が苦手なＡＳＤ

ＡＳＤの特徴に**他者とのコミュニケーションの苦手さ**が挙げられる。文脈に沿った会話や間接的な表現が読み取れず杓子定規の返答をしてしまったり、わかりやすく話す意識が薄く、難解な言葉を使ってしまったりと、相手との意思疎通が難しい場合がある。記述試験はともかく、口述試験の場合はこうした性質が「回答がわかりづらい」「質問に沿った回答をしていない」と判断されてしまう可能性がある。

またＡＳＤの場合、決まった事柄をこなすことは得意だが、**臨機応変に対応することが苦手**な人が多い。そのため口述試験のように臨機応変な対応が求められる試験形態が苦手な可能性がある。

解決法

口述試験は事前準備がすべて

口述試験の中でも、知識を問わ

れるようなスタイルの場合はむしろASDの人は得意な場合が多い。一方、英検やTOEFLのように自由会話が課されたり、本人の意志や考えを聞かれたりする試験の場合は、苦手だと感じる人が多いだろう。また、大学入試の面接なども問いかけに対する臨機応変な対応が求められるため、難易度が高い。突破するためには事前準備が重要だ。

試験の形式を事前に確認しておく

まず肝心なのは、**試験の形式を事前に確認しておくこと**だ。口頭試験といっても、何をどの順番で聞かれるのか、それぞれの質問に対して何分くらい回答すればよいのか、などは試験によって違う。

ASDの場合は、こうした見通しが立たないと、より不安が増幅されてしまう傾向にある。事前に試験の形式を確認して、安心して試験に臨めるようにしておきたい。

事前に原稿を用意しておく

試験で答える内容についても事前の準備が肝心だ。臨機応変なコミュニケーションが苦手ならば、**想定される口述試験の設問に対して、すべて一度回答を用意し、それを丸暗記しておける**とよいだろう。

ASDの場合、決まったことを覚えたり、その通りに実践したりするのは得意な人も多い。一度お手本を作成してしまい、それを元に話せるようにしておくとよい。

たとえば英検やTOEFLであれば、市販のテキストなどに自由会話の予想例題が載っている。まずはその例題に対して完璧に答えられるような原稿を作ろう。

次に、その例題に似た問題を自分で考えてみる。そして、それに自分なりの回答を用意する。場合によっては同じ試験を受ける知人や予備校の講師に、正しい回答ができているか確認してもらおう。

そうすれば、試験当日にイチから回答を考える必要はなく、あらかじめ考えておいた回答の言い回しを転用し、落ち着いて答えることができるだろう。

臨機応変が苦手なASDの人は事前にどれくらい準備できるかが勝負だ。それを心にとめて口述試験の用意をしておこう。

逆質問で曖昧さを排除する

ASDの場合は**曖昧な質問が苦手**な傾向がある。たとえば、英検の試験で「幼い頃はゲームをする時間を制限したほうがよいと言われています。あなたはこれについてどう思いますか?」といった質問をされたとする。

こうした質問をASDの人が聞

くと、「幼いとは具体的に何歳くらいのことだろう」「制限とは誰によって行われることを想定しているのだろうか」といった疑問を抱くかもしれない。ASDの場合は、曖昧な質問が苦手なので、回答が難しく感じることもあるだろう。

この場合、**逆質問をして曖昧さを解消してから答える**とよい。たとえば、「幼いとはどのくらいの年齢を指していますか？」「制限はゲーム会社がするのでしょうか？　それとも条例などで行うのでしょうか？　もしくは家庭における制限でしょうか？」といった具合だ。このように逆質問をして、曖昧さを排除すれば答えやすさは向上するはずだ。

ただし、こうした質問が試験の減点につながってしまうケースもある。あらかじめ採点基準などは確認しておくようにしよう。

Column

資格試験に受かれば、働き始められるのか？

発達障害の二次障害などで離職した場合、再就職に備えて資格取得を目指す人も多いだろう。しかし、実際に資格を取得して実務を行うためには、試験に合格するだけでなく、いくつかの条件を満たす必要があるケースもある。試験勉強を始める前に必ず次の2点を確認するようにしよう。

まずひとつは「受験資格の有無」だ。誰でも受けられる資格試験もあるが、一方で一定の受験資格を設けているケースも多い。

たとえば、精神保健福祉士を例に見てみよう。精神保健福祉士の資格試験を受けるためには、「4年制の福祉系大学で、指定科目を修めて卒業している」「4年以上相談援助の業務に従事し、一般養成施設等で1年以上履修している」などの複数の条件のうち、いずれかに該当している必要がある。精神保健福祉士以外にも受験資格を定めている資格試験は多い。試験勉強を始める前に、必ず自分が受験資格を満たしているのかを確認するようにしよう。

2つ目は「必要とされる実務経験の有無」だ。資格試験は誰でも受けられるものの、その後、実際に資格を活かして実務を行う際に、一定の経験が求められるケースだ。

たとえば、宅地建物取引士（宅建士）資格がその一例だ。宅建士資格試験は誰でも受けることができるが、実務を行うには試験合格後に宅建士登録をする必要がある。その際に、宅地建物取引の実務経験が2年以上ある、または、実務講習を受けることで登録ができる。つまり、試験に合格するだけでは資格を活かして実務を行えないということだ。

いずれにしても「せっかく試験勉強をしたのに……」といったことにならないように、事前にしっかり調べておこう。

口述試験のために準備したいこと

STEP 1 試験の形式を事前に確認しておく

- 問題数はどのくらいか
- 何をどの順番で聞かれるのか
- 回答にはどれくらいの時間をかけてよいのか

STEP 2 事前に原稿を用意しておく

- 予想問題集を買い、それに対する想定回答集を作成する
- 次に、その例題に似た問題を自分で考えてみる
- 自分で考えた問題に対しても、想定回答集を作成する

STEP 3 逆質問で曖昧さを排除する

- 試験中に曖昧な質問をされたら、逆質問をする
- 疑問が消えてから回答する

本書内容に関するお問い合わせについて

このたびは翔泳社の書籍をお買い上げいただき、誠にありがとうございます。弊社では、読者の皆様からのお問い合わせに適切に対応させていただくため、以下のガイドラインへのご協力をお願い致しております。下記項目をお読みいただき、手順に従ってお問い合わせください。

●ご質問される前に

弊社 Web サイトの「正誤表」をご参照ください。これまでに判明した正誤や追加情報を掲載しています。

正誤表　https://www.shoeisha.co.jp/book/errata/

●ご質問方法

弊社 Web サイトの「刊行物 Q&A」をご利用ください。

刊行物 Q&A　https://www.shoeisha.co.jp/book/qa/

インターネットをご利用でない場合は、FAX または郵便にて、下記“翔泳社 愛読者サービスセンター”までお問い合わせください。電話でのご質問は、お受けしておりません。

●郵便物送付先および FAX 番号

送付先住所　〒160-0006　東京都新宿区舟町 5
FAX 番号　03-5362-3818
宛先　(株)翔泳社 愛読者サービスセンター

●回答について

回答は、ご質問いただいた手段によってご返事申し上げます。ご質問の内容によっては、回答に数日ないしはそれ以上の期間を要する場合があります。

●ご質問に際してのご注意

本書の対象を越えるもの、記述個所を特定されないもの、また読者固有の環境に起因するご質問等にはお答えできませんので、予めご了承ください。

※本書に記載されている情報は、2021 年 10 月執筆時点のものです。
※本書に記載された商品やサービスの内容や価格、URL 等は変更される場合があります。
※本書の出版にあたっては正確な記述につとめましたが、著者や出版社などのいずれも、本書の内容に対してなんらかの保証をするものではなく、内容やサンプルに基づくいかなる運用結果に関してもいっさいの責任を負いません。

[著者プロフィール]
安田 祐輔（やすだ・ゆうすけ）
うつや発達障害による離職からの復帰を支援する「キズキビジネスカレッジ」などを展開する株式会社キズキ代表取締役社長。発達障害の当事者。いじめ、一家離散、暴走族のパシリ生活などを経て、偏差値30からICU（国際基督教大学）に入学。卒業後、総合商社へ入社するも、うつ病になり退職。
その後、ひきこもり生活を経て、2011年に中退・不登校向けの学習塾「キズキ共育塾」を創業（2021年10月現在、全国に9校舎とオンライン校を展開）。2019年には「キズキビジネスカレッジ」を立ち上げ、現在全国に4校展開。全国13の地方自治体や中央省庁から委託を受け、生活困窮世帯の子ども支援などにも携わる。著書に『暗闇でも走る』（講談社）がある。

装　丁・本文デザイン　小口翔平＋阿部早紀子（tobufune）
イラスト　高村あゆみ
本文DTP・図版　一企画

ちょっとしたことでうまくいく
発達障害の人が上手に勉強するための本

2021年12月13日　初版第1刷発行
2022年 9 月10日　初版第5刷発行

著　者　安田 祐輔
発行人　佐々木 幹夫
発行所　株式会社 翔泳社（https://www.shoeisha.co.jp）
印刷・製本　大日本印刷 株式会社

本書へのお問い合わせについては、155ページに記載の内容をお読みください。

ISBN978-4-7981-6465-6　Printed in Japan